DEVENIR UN LEADER LEAN

avec un sensei

Éditions Eyrolles
61, bd Saint-Germain
75240 Paris Cedex 05

www.editions-eyrolles.com

Titre original : *The Lean Sensei - Go See Challenge*,
Lean Enterprise Institute, 2019

Ouvrage édité en partenariat avec Aramisauto

Crédit : p. 139, « My wife and my mother-in-law », par William Ely Hill -
© Granger/Bridgeman Images.

ISBN : 978-2-212-57392-3

DEVENIR UN LEADER LEAN avec un sensei

Apprendre à voir et à agir sur le terrain,
pour créer une valeur durable

Préface de Benoît Charles-Lavauzelle
Introduction de Daniel Jones
Postface de Jacques Chaize

Michael **Ballé**
Nicolas **Chartier**
Pascale **Coignet**
Sandrine **Olivencia**
Daryl **Powell**
Eivind **Reke**

Traduit de l'anglais par Pascale-Marie **Deschamps**

Éditions
EYROLLES

À nos enfants, nos véritables senseis !

Table des matières

Préface

Pourquoi faut-il lire *Devenir un leader lean avec un sensei* ?

Benoît Charles-Lavauzelle, cofondateur de Theodo

Dans un monde où la recherche de gains à court terme est souvent décorrélée de la création de valeur réelle pour la société, il est essentiel, pour le manager et le dirigeant engagés, de se tourner vers le Lean pour y trouver une approche alternative. Car cette approche est la seule qui cherche à adresser, à la fois, la réussite financière à long terme de l'entreprise, le développement des collaborateurs et les défis sociétaux critiques tels que le réchauffement climatique.

Avant de vous inviter à vous plonger dans la lecture de *Devenir un leader lean avec un sensei*, je voudrais brièvement partager mon expérience de pratique du Lean et vous montrer toute la valeur – pour un dirigeant – d'en approfondir sa compréhension comme le proposent les auteurs de cet ouvrage.

Lorsque j'ai cocréé Theodo en 2009, une société de conseil et réalisation en technologies digitales, nous avons rapidement trouvé nos premiers clients. Deux ans après avoir créé un premier service digital B to C en sortant de nos études[1], nous avions développé un savoir-faire dans les technologies digitales, encore rare à l'époque, et un début de réseau pour nous faire connaître.

Les premiers mois ont été excitants, nous apprenions notre métier, mais aussi le management et les *basics* de la gestion de l'entreprise. Nous devenions de plus en plus crédibles aux yeux du marché grâce à l'accumulation de nos références clients. Nous étions aussi rentables, ce qui nous rassurait sur la pérennité de l'entreprise. Mais la croissance n'était pas au niveau où nous l'attendions. En 2011, avec un chiffre d'affaires annuel de 800 000 euros, nous avons décidé de nous donner deux ans pour atteindre un objectif d'au moins 2 millions de revenus. Nous n'avions, à l'époque, pas de stratégie claire pour y arriver mais beaucoup d'ambition car nous voulions vivre l'expérience « start-up » sinon rien. Si nous n'y arrivions pas, nous ferions « autre chose » sans

---

1 Allomatch, une plateforme pour les fans de sport.

bien savoir ce que cet « autre chose » pourrait bien être, ce qui nous motivait d'autant plus à réussir ce challenge.

Mais avec la croissance, les premiers doutes sont rapidement arrivés. Un client qui, à la fin d'un projet, demanda à ne régler que la moitié de la facture car il n'était qu'à moitié satisfait. Un autre qui déclara que, au vu de l'inadéquation du produit que nous avions développé avec son marché, il devait tout redévelopper de son côté. Et quand le client était satisfait, ce n'était pourtant pas toujours un projet réussi : une équipe dédiée au projet d'un client dépassa de trois fois le temps prévu initialement dans le devis avec des conséquences catastrophiques pour les comptes de notre jeune entreprise. À chaque fois, les problèmes nous remontaient directement ; le stress s'accumulait, accompagné de l'incompréhension face aux erreurs commises par nos équipes.

Ces difficultés avec les clients avaient bien sûr des conséquences sur notre espoir de réaliser notre ambition de croissance. Avoir des clients moyennement satisfaits se traduit financièrement par un panier moyen faible par client. Ce qui impliquait, si nous souhaitions réaliser nos objectifs, de réussir à acquérir de nombreux nouveaux clients. Or, si nous étions peu expérimentés en tant que dirigeant et manager, nous étions, mon associé et moi, franchement novices en marketing...

Nous avons terminé l'année 2011 épuisés. Nous constations que la société s'était peu développée et que cette faible croissance des revenus s'était accompagnée d'une croissance bien plus forte de problèmes qui semblaient insolubles et qui transformaient notre vie professionnelle en chemin de croix. Car si les clients étaient parfois frustrés et insatisfaits, nos collaborateurs souffraient également de cette situation et tout aussi probablement de l'inexpérience des jeunes managers que nous étions, ce qui nous apportait peu de réconfort.

C'est alors que j'ai assisté début 2012, lors d'une conférence portant sur le domaine du digital, à un atelier de travail animé par un coach lean sur le PDCA. Je ne savais alors ni ce qu'était le Lean, ni ce qu'était un PDCA, mais j'ai tout de suite été intéressé : il existait selon l'orateur une méthode pour résoudre les problèmes en entreprise ! Je suis allé le voir à la fin de sa session et je l'ai ensuite invité quelques semaines plus tard chez Theodo.

Il y a majoritairement deux approches du management de l'entreprise. L'une où le dirigeant fixe seul, ou en petit comité, la stratégie et en vérifie l'application rigoureuse par des collaborateurs limités à l'exécution. L'autre qui consiste à laisser faire ses collaborateurs en étant convaincu que la liberté est un principe suffisant pour résoudre à lui seul tous les problèmes de l'entreprise. Or, une autre voie est envisageable. Cela fait maintenant sept ans que je suis accompagné par un coach lean et ma perception du rôle de dirigeant a radicalement changé : j'ai appris à mieux définir ce que j'attends des collaborateurs, à mettre en place une chaîne d'aide pour chacun en cas de difficultés rencontrées dans l'exercice de sa mission. J'ai aussi appris à aller sur le terrain avant de prendre des décisions stratégiques, car plus l'entreprise grandit, plus il est difficile – et pourtant fondamental – de garder le contact avec le réel.

Et deux ans après le grand défi que nous nous étions lancé, en 2011, nous avons réalisé et même dépassé notre objectif initial : en 2013, nous avons atteint 3 millions d'euros de chiffre d'affaires. Six ans plus tard, l'entreprise a multiplié son chiffre d'affaires par dix pour atteindre 35 millions d'euros et compte maintenant 300 collaborateurs présents dans quatre pays. Sans le Lean, nous n'aurions pas atteint ces objectifs. Pire, nous aurions probablement arrêté, épuisés, bien avant de les avoir atteints.

Pour ceux qui sont déjà dans cette démarche lean ou bien qui sont simplement intéressés et veulent en savoir plus, je pense qu'il est indispensable de se faire accompagner par ce qu'on appelle dans le jargon un « sensei », c'est-à-dire un leader de la communauté lean reconnu par ses pairs. C'est ce que nous avons fait depuis sept ans et sans cet accompagnement, nous n'aurions pas pu réussir notre transformation. Pour apprendre une pratique et tenter d'atteindre l'excellence, il faut être accompagné. C'est aussi valable dans la pratique d'un sport, dans une pratique artistique ou dans cette pratique exigeante et parfois contre-intuitive qu'est le Lean.

Ce livre est passionnant à double titre. D'une part, parce qu'il décrit avec précision ce qu'est un sensei, véritable porte d'entrée dans la pratique du Lean. D'autre part, parce qu'il permet d'acquérir une meilleure compréhension de la nouvelle posture que doit prendre un dirigeant lean dans son rôle : tout en questions plutôt qu'en réponses, davantage dans l'aide que dans le contrôle, dans l'accompagnement plutôt que dans la mise en place de directives.

Introduction

Daniel Jones

Le Lean est le mode de pensée alternatif centré sur la valeur, l'apprentissage, la croissance et l'amélioration dont notre époque a besoin. Ce modèle s'oppose au système de l'actionnariat régi par la finance, popularisé par Michael Porter[2]. L'observation d'expériences pionnières nous a montré la supériorité du Lean par rapport au modèle économique traditionnel dans tous les secteurs d'activité. Au-delà d'outils qui présentent une excellence opérationnelle, nous avons également découvert que le Lean offre un atout encore plus important : développer le potentiel de chacun afin de créer une culture d'amélioration, accélérée et continue, susceptible de répondre aux enjeux des changements actuels. L'apprentissage est au cœur du Lean. De fait, le Lean est bien plus un modèle d'éducation qu'un système de production.

---

2 Voir M. Ballé, D. Jones, J. Chaize, O. Fiume, *La Stratégie Lean*, Paris, Eyrolles, 2018.

La pensée lean est née chez Toyota et s'en inspire encore. Sans cesse renouvelée, elle est devenue la première véritable méthode à la fois globale et collaborative de création de valeur. De l'industrie à la santé, en passant par les start-up high-tech, les idées lean de Toyota ont été adoptées dans le monde entier. Au début de notre exploration du système Toyota, nous avons été plusieurs à faire notre apprentissage auprès d'anciens maîtres de cette entreprise. Ils nous posaient des questions déstabilisantes qui bousculaient sans ménagement nos pratiques et nos raisonnements habituels. Leur attitude dérangeait, car elle ne se laissait circonscrire ni en termes d'enseignement ni de conseil ni de mentorat ni même de coaching. À l'époque, quelqu'un a parlé de sensei, un mot utilisé pour les maîtres en arts martiaux. Le terme est non seulement entré dans le langage du Lean, mais il est également resté, au grand amusement des Japonais. Depuis lors, nous avons toujours eu des difficultés à décrire précisément l'importance du rôle de ces senseis dans la transmission du savoir lean. Or, sans clarification et sans compréhension du sens véritable du Lean, revenir au conseil traditionnel et au modèle managérial « commande et contrôle » est un risque majeur.

Les auteurs de cet ouvrage forment une équipe de pionniers du Lean. Originaires de France, des États-Unis, de Norvège et du Royaume-Uni, ils ont suivi et partagé l'expérience des senseis. Ils comptent parmi eux : un auteur lean chevronné, présent à l'origine du mouvement ; le cofondateur et CEO d'une entreprise à forte croissance ; un architecte d'entreprise et responsable données d'une grande entreprise française ; le leader d'une communauté « agile » ; un auteur et consultant lean, un chercheur praticien du Lean.

Quelle que soit votre fonction, cet ouvrage changera votre façon de voir le Lean. Sa lecture est indispensable à tous ceux et celles qui veulent réellement progresser en Lean.

先生

Sensei : professeur, maître (littéralement « précédent », « vie »)

... personne née avant une autre, aîné

Le Lean est un système qui cherche à améliorer la compétitivité par le développement continu des personnes. Le sensei est un personnage clé de ce système, mais son rôle est plutôt mystérieux. Ni coach ni consultant, le sensei vous aide à vous développer en vous invitant à dépasser votre première appréciation d'une situation, à résoudre les problèmes différemment et à découvrir le sens plus profond des choses. Le sensei vous incite à poursuivre votre réflexion et à ne pas vous contenter de créer de la valeur par les méthodes habituelles. Il vous indique également des façons plus efficaces d'agir et d'ajouter de la valeur en améliorant les situations.

Le sensei a la conviction que transformer les processus (et les personnes) requiert avant tout d'apprendre à se transformer soi-même.

Le but de l'entreprise : apporter de la valeur aux clients

La *valeur* réside dans ce que nous faisons pour aider les autres à résoudre leurs problèmes. Les entreprises naissent de la découverte de solutions plus économiques à des problèmes classiques. Si les gens apprécient le bon café, il est rationnel d'ouvrir un établissement équipé d'une machine *ad hoc* et coûteuse servant le même café à tous ceux qui se présentent (et de leur offrir un lieu de détente agréable). Il est rationnel d'utiliser les progrès de la technologie pour apporter au même problème une solution innovante : proposer une machine expresso bon marché au consommateur qui fera un aussi bon café que l'appareil du bistrot, sans nécessiter pour autant un investissement élevé, etc.

Les entreprises sont organisées pour fournir de la valeur à leurs clients et offrir à la société de meilleurs produits et services. Elles ont besoin de faire des bénéfices pour continuer d'offrir à leurs clients les solutions existantes et investir dans la recherche de nouvelles propositions. La rentabilité traduit à la fois l'attractivité du produit à un moment donné ainsi que la capacité organisationnelle de l'entreprise et de son personnel à apporter le même service avec régularité et la même fiabilité. L'entreprise aide ses clients en échange de leur argent (et de leur temps) : sa croissance résulte du nombre de clients qui estiment que l'aide apportée vaut le prix demandé, et ses résultats reflètent la différence entre le prix demandé et le coût de la prestation.

L'histoire du Lean a commencé quand le Japon, dévasté par la Seconde Guerre mondiale, s'est intéressé de près aux conférences d'un statisticien américain spécialiste de la qualité : W. Edwards Deming. À l'époque, stimulée par le plan américain d'aide à la reconstruction, l'industrie japonaise passait du stade de l'artisanat à celui de la production de masse. Le *made in Japan* était alors synonyme de mauvaise qualité bon marché. W. E. Deming a touché une corde sensible. Ses conférences ont convaincu les capitaines d'industrie japonais que la qualité était la clé pour dominer le marché. Le professeur leur a démontré que[3] :

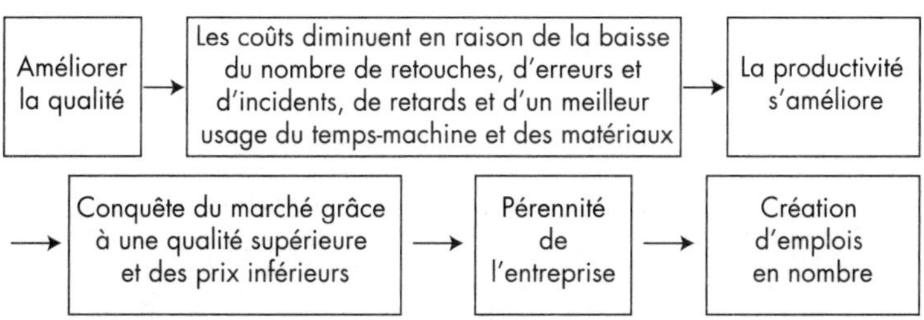

3 W. E. Deming, *Out of the Crisis*, Cambridge, MIT, 1982 ; trad. : *Hors de la crise*, Paris, Economica, 2002.

La compétitivité par la qualité : l'apport de Deming

W. E. Deming considérait qu'il fallait intégrer la qualité au processus. Des tests de qualité devaient être introduits en continu dans le processus de production et d'assemblage, à savoir : il fallait apprendre à chaque opérateur comment contrôler lui-même la qualité tout au long de la production, au lieu d'inspecter les pièces à la fin du processus (élimination des pièces défectueuses pour ne conserver que les bonnes), comme le faisaient les industriels occidentaux. Deming a donc suggéré cette méthode aux entrepreneurs japonais afin de créer de la qualité. Mais, selon lui, la clé pour y parvenir était d'avoir une compréhension plus complète de l'entreprise en tant que système global.

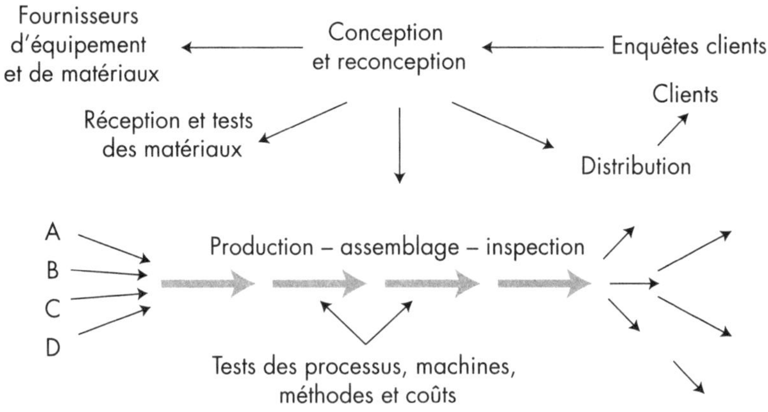

Dans les années 1950, Toyota a relevé le défi et remporté le prix Deming, établi au Japon en l'honneur du professeur. La qualité « intégrée » (par opposition à l'inspection en fin de production) faisait écho aux pratiques « maison » de cette entreprise : le *jidoka* (automatisation intelligente consistant à « refuser les pièces défectueuses, ne pas introduire de défauts et ne pas transmettre de pièces défectueuses ») et l'*andon* (arrêt de la ligne et appel d'un responsable à chaque défaut repéré). En outre, Taiichi Ohno avait mis en place le système *kanban*, le principe logistique révolutionnaire du « juste-à-temps » (ne livrer aux postes de travail que le matériel nécessaire, au moment nécessaire, en quantité nécessaire), à la fois outil opérationnel et système d'apprentissage particulièrement puissant. La matérialisation de la tâche suivante dans le processus de production par des cartes kanban – qui représentent au plus près la demande client (à la place des plannings centralisés, calculés en fonction des lots et des niveaux de stocks) – a pour effet de montrer sur le champ les variations des tâches et de la production ainsi que d'améliorer la collaboration de tous les départements de l'entreprise. L'andon et le kanban sont des mécanismes de vérification. Ils révèlent en temps réel les problèmes quand ceux-ci surviennent afin qu'ils soient résolus sur place (en *kaizen*, c'est-à-dire, en continu, par des petites améliorations successives). Ainsi l'apprentissage peut-il être capitalisé par une mise à jour continue des standards.

La maladie de la grande entreprise

Les dirigeants de Toyota savaient aussi que leur entreprise grandirait, ralentirait et se rigidifierait, comme cela arrive à toutes les sociétés – et pas seulement aux très grands groupes – qui prennent de l'âge. C'est une conséquence inévitable de l'organisation d'activités en vue de résultats reproductibles. Chez les êtres humains, les habitudes bonnes ou mauvaises engendrent une accoutumance. Quelle que soit l'incitation, peu à peu, les individus ne répondent plus à des stimulations précises, ils réagissent par habitude, puis ne réagissent plus du tout. Cette disposition humaine permet sans aucun doute de bâtir de grandes entreprises. Quand les changements externes deviennent plus rapides que les changements internes, elle est contre-productive. Les fondateurs et dirigeants de Toyota ont perçu très tôt le danger qu'ils ont baptisé « la maladie de la grande entreprise ». Quatre symptômes permettent de diagnostiquer cette maladie :

- *La protection des processus au détriment des clients.* Au fur et à mesure que l'entreprise prend des habitudes, ses dirigeants arbitrent en faveur de leurs intérêts propres et prennent des options qui facilitent leur vie. Parallèlement, les goûts et les modes de vie des consommateurs évoluent. Or les nouveaux produits sont conçus plus souvent en fonction des convictions, voire des « lubies » des dirigeants, que des préférences des clients. *In fine*, l'entreprise n'aide plus ses clients et finit par les perdre.

- *La défense des processus au détriment du travail en équipe.* La spécialisation des tâches au sein de silos spécialisés est essentielle pour résoudre des problèmes difficiles. Cependant, les silos développent rapidement une culture spécifique et tendent à se battre les uns contre les autres pour défendre leur territoire et leurs ressources. Ils oublient que la valeur pour les clients résulte d'un travail d'équipe transversal et multifonctionnel.
- *La dévalorisation des talents.* Les jeunes ont la capacité de bousculer le *statu quo* par la recherche de nouvelles méthodes plus efficaces. Confrontés à des règles absurdes, ils s'agacent et estiment que la compétence doit l'emporter sur l'obéissance. L'encadrement les tient souvent pour des agitateurs qui « rejettent les normes de l'entreprise », les brime et les réprimande, se privant ainsi de nouvelles idées et de l'apport de sang neuf.

- *La confusion entre technologies obsolètes et savoir-faire précieux.* Certaines technologies déjà expérimentées sont héritées. Elles ont fait – et continuent à faire – leurs preuves. Ces technologies doivent être protégées de la quête de modernisation à tout prix et du risque pour l'entreprise de perdre sa valeur. D'autres technologies, en revanche, se périment et deviennent un poids dont il faut savoir s'alléger (par exemple, conserver les dossiers administratifs sur papier, disque dur et dans le cloud). Distinguer les unes des autres n'est jamais chose facile et nécessite une réflexion approfondie sur le terrain afin d'éviter les erreurs qui mettent l'entreprise en danger.

Des systèmes d'apprentissage innovants

Malgré leur manque de ressources (capitaux et technologies), les dirigeants de Toyota avaient néanmoins la ferme intention de devenir les premiers industriels japonais capables de produire des voitures grand public qui soient conçues par des ingénieurs japonais, produites par des ouvriers japonais, pour des clients japonais, sans acheter des licences aux constructeurs occidentaux (Nissan à Austin, Isuzu à Rootes, Hino à Renault et Mitsubishi à Willys Jeep) et se fournir auprès de leurs équipementiers. Contre toute attente, après un dépôt de bilan et une restructuration imposée par les banques, les dirigeants de Toyota ont relancé l'entreprise et ont développé par « essais/erreurs » des systèmes d'apprentissage innovants :

- *La stratégie produit* (hoshin kanri). Cette stratégie consiste à renouveler régulièrement les produits dans chaque segment du marché afin de proposer des voitures pour tous et de mettre en œuvre au quotidien la stratégie « client un jour, client toujours ». Comment faire en sorte que chaque consommateur trouve dans sa gamme un meilleur produit, sans avoir besoin de chercher ailleurs ?
- *Le système* shusa *de développement produit Toyota (TPDS).* Un ingénieur en chef pilote l'intégration de la conception de la voiture au développement afin de créer des produits fiables et accessibles, tout en restant en phase avec l'évolution des modes de vie et des technologies. Comment faire en sorte que chaque nouveau produit reflète au mieux ce que les clients apprécient dans la marque, tout en s'adaptant à l'air du temps ?
- *Le Système de Production Toyota (TPS).* Le TPS permet de produire une grande variété de produits de qualité grâce à un système de production flexible, nourri en permanence de nouvelles idées pour obtenir une productivité durable. La question que

se posait Toyota était la suivante : comment faire déboucher les améliorations apportées par petites touches, grâce aux idées créatives des opérateurs, sur les conditions de travail les plus sûres, la qualité la plus élevée, les délais les plus courts et les coûts les plus faibles ?

- *Le management par la qualité totale (TQM).* Ce système permet d'engager les activités fonctionnelles et de support dans le développement des personnes pour un meilleur travail d'équipe et une meilleure efficacité globale. Comment modifier les procédures dans les départements pour qu'elles reflètent progressivement les améliorations obtenues au niveau où le travail ajoute de la valeur ?

À la fin des années 1980, une équipe internationale de chercheurs a mis en évidence la supériorité de la performance de Toyota, non seulement dans son secteur, mais également dans tous les secteurs ! Les résultats de cette étude ont donné lieu au best-seller *Le système qui va changer le monde*[4] qui a popularisé le terme Lean. Ce succès a suscité beaucoup d'intérêt pour la pensée lean, à l'époque très axée sur l'amélioration des processus par l'optimisation des flux. Comme le formule

---

4 J. Womack, D. Jones, D. Roos, D. Carpenter, *The Machine that changed the world*, Free Press, 1990 ; trad. : *Le système qui va changer le monde*, Paris, Dunod, 1992.

Takehiko Harada[5], un sensei qui a travaillé directement avec Taiichi Ohno, les interprétations occidentales du TPS ne sont pas fausses, mais elles se méprennent sur le projet initial de Toyota qui était de « former les collaborateurs » et de viser à « une optimisation globale plutôt que partielle ».

Le Lean, une méthode de développement des savoir-faire

Le Lean prend appui sur une idée forte : *lorsque les gens comprennent ce qu'ils font et pourquoi ils le font*, ils améliorent leur travail dans toutes ses dimensions. Cette compréhension fine exige toutefois un travail difficile consistant à questionner les objectifs (quels résultats cherche-t-on à obtenir ?) et le travail quotidien dans le détail (comment faire pour que notre activité produise les résultats attendus ?) afin de mieux comprendre nos façons de faire et de les modifier petit à petit en cherchant une amélioration[6]. Vu ainsi, le Lean est une méthode systémique proactive et réfléchie d'apprentissage en continu.

---

5 Takehiko Harada, *Management Lessons from Taiichi Ohno*, New York, McGraw Hill, 2015.

6 En théorie de la connaissance, il s'agit d'un « apprentissage en double boucle » : réagir plus vite aux difficultés afin de s'adapter aux nouvelles situations (première boucle), puis examiner les réactions pour en trouver de meilleures et plus efficaces (seconde boucle).

Se remettre en cause n'est jamais facile. La pression du quotidien est incessante et il est toujours tentant de réduire un résultat global (grâce auquel la situation demain serait meilleure que celle d'aujourd'hui) à quelques livrables spécifiques (faisons ce qui est demandé, même s'il est évident que ce n'est pas optimal), avec pour conséquence d'être médiocre en tout et de répéter à l'infini les mêmes erreurs.

Les dirigeants de Toyota ont compris que le succès de l'entreprise est la somme des intuitions, initiatives et ingéniosités individuelles qu'il revient au management d'orienter et de soutenir. Cette découverte, la principale, est le fondement de leur façon particulière de développer des produits. Chaque produit relève du discernement et du leadership d'un ingénieur en chef qui prend appui sur les compétences des équipes d'ingénieurs. Une telle conviction est également le fondement du management par la qualité totale selon Toyota et de l'implication de toutes les équipes dans des cercles de qualité. Elle est aussi le fondement du Système de Production Toyota qui consiste à rendre les processus visibles afin de révéler les problèmes quand ils surviennent et d'obtenir des opérateurs qu'ils les résolvent et les améliorent. Chacune de ces initiatives est le vecteur du développement continu des individus.

Selon la doctrine du constructeur, *pour développer de bons produits, il faut d'abord faire progresser les personnes.*

C'est un chemin difficile pour la plupart des adultes qui doivent accepter de mettre en cause leur expérience pour apprendre. C'est là que le sensei intervient, explique Akio Toyoda : « Chez Toyota, chaque dirigeant est un enseignant qui développe la prochaine génération de dirigeants. C'est leur mission la plus importante. Le vrai paradoxe, ajoute-t-il, est que le respect des personnes exige qu'elles acceptent la critique. Quand les membres d'une équipe nous présentent les résultats de leurs améliorations, nous leur demandons systématiquement de commencer par les mauvaises nouvelles et de nous parler de ce qui leur pose toujours problème. Faute de recevoir un retour précis fondé sur leurs comportements réels, les gens ne grandissent pas et nous ne les respectons pas. Le rôle du dirigeant n'est pas de les mettre en situation d'échec, mais dans des situations difficiles qui exigent d'eux de travailler dur et de voir comment ils auraient pu faire encore mieux. Notre objectif est que chaque membre du personnel chez Toyota, de l'opérateur en production au dirigeant le plus haut gradé, travaille en permanence à son amélioration continue. Nous avons tous besoin d'un sensei pour nous emmener plus loin. Personnellement, j'apprends encore auprès de plusieurs senseis[7]. »

---

7 J. Liker, G. Convis, *The Toyota Way to Lean Leadership*, New York, McGraw-Hill, 2012.

Le président de Toyota affirme qu'il progresse dans son métier de dirigeant grâce aux critiques de ses senseis : quels sont donc ces mystérieux senseis ? À quoi servent-ils ? Que font-ils ? Qu'apprend-on à leur contact ? Ce livre n'apporte en aucune façon une réponse définitive à ces questions complexes, mais il est un point de départ pour réfléchir à ce que sont les senseis, au rôle essentiel qu'ils jouent dans la pensée lean, pour aider les dirigeants à voir plus loin, à prendre la mesure du grand gâchis engendré par leur système de production (ingénierie, production, approvisionnements) en partant des petits gaspillages créés par les tâches quotidiennes, à penser différemment afin de progresser personnellement, mais également de faire progresser leurs collaborateurs puis, par voie de conséquence, les différents services de l'entreprise et, enfin, l'entreprise tout entière.

La transformation lean n'est pas une transformation organisationnelle mais une révolution cognitive : le leader lean apprend à penser Lean. Une spécificité de la démarche est que cet apprentissage a son propre mode d'enseignement : travailler sur le terrain avec un sensei. Depuis que nous avons formulé le terme « Lean », j'ai personnellement observé des centaines de tentatives lean et je n'en ai vu aucune réussir durablement sans la présence centrale d'un tandem leader/sensei. Le dirigeant apprend à devenir un leader lean avec un sensei en devenant lui-même un sensei pour ses collaborateurs. La démarche d'apprentissage du Lean ne peut se distinguer de la relation entre leader et sensei, et de la transformation en sensei du leader lean. Devenir un leader lean, c'est d'abord apprendre à travailler sur le terrain avec un sensei, et ce livre peut vous donner les clés de lecture nécessaires pour y réussir et apprendre à penser Lean.

Chaque chapitre se termine par les points clés à retenir.

Chapitre 1

Qu'est-ce qu'un sensei ?

Il est désormais clair que le Lean *est un système de développement continu des personnes*[8] (par opposition à un système d'amélioration de processus point par point). Ce système s'apprend sur le *gemba*[9] avec un sensei. La transformation lean naît de la collaboration entre un leader et un sensei, et ne devient pérenne que lorsque le leader devient lui-même sensei pour sa propre entreprise. Le *sensei-ing* est le mode de leadership propre au Lean : on transmet le Lean par des visites de gemba menées par le leader et son sensei, puis en pratiquant le kaizen dans le cadre de projets d'apprentissage (auto-étude).

---

8 M. Ballé, T. Richardson, « How Does Asking Questions Create Change », *The Lean Post*, The Lean Enterprise Institute, Boston, 2018.

9 Le gemba ou genba est un terme japonais qui désigne « le vrai lieu », là où les produits sont imaginés et conçus, et où les clients utilisent les produits ou les services.

Des arts martiaux à l'entreprise

Le terme de sensei, « ni professeur ni mentor ni coach, ni consultant ni gourou », renvoie à un concept emprunté aux arts martiaux. Il désigne une personne suffisamment instruite, compétente et expérimentée pour enseigner une pratique. En Occident, notre pensée bureaucratique a plutôt distingué les rôles : le professeur transmet un savoir théorique ; le mentor partage une expérience ; le coach, une pratique ; le consultant analyse et recommande ; le gourou est un guide dans l'existence. Le sensei montre.

Sensei n'est pas un titre que l'on s'attribue. Il vous est accordé en signe de respect par des personnes qui souhaitent apprendre auprès de vous parce qu'elles vous reconnaissent la maîtrise d'un savoir-faire. Cette maîtrise est une combinaison de connaissances théoriques, de compétences pratiques et de discernement dû à l'expérience, auxquels s'ajoute l'intention sincère de venir en aide – même si la leçon s'avère rude. On ne sera donc pas étonné que le sensei ait quelques cheveux gris et qu'il éprouve un sentiment de déjà-vu qui lui permet d'indiquer la bonne direction.

Le rôle de sensei dans l'industrie est une invention occidentale[10]. Les « anciens » de Toyota rencontrés au

---

10 J. Womack, D. Jones, *Système Lean*, Paris, Pearson France, 2012, 2e éd. Le terme est présenté comme signifiant « enseignant » en japonais, mais avec la connotation confucéenne de « maître ».

Japon sont souvent étonnés (sinon franchement amusés) d'être appelés ainsi et du recours à la terminologie des arts martiaux (*kata*, ceinture noire, etc.). En effet, Toyota est d'abord et avant tout une superbe entreprise technologique et, même si en Occident, nous admirons sa maîtrise de la production, l'essentiel de son savoir-faire (la partie immergée de l'iceberg) réside dans son ingénierie (et le développement de l'ingénierie chez ses fournisseurs). Toyota a conçu une théorie très claire de son identité, tant au niveau économique que de l'ingénierie. À l'époque de sa parution, *Le système qui va changer le monde* a donné une description de la pensée stratégique du constructeur dans son ensemble. Mais la plupart des ouvrages et des formations qui lui ont succédé se sont concentrés exclusivement sur les opérations, faisant l'impasse sur les choix économiques et d'ingénierie sous-jacents aux pratiques de production.

Les quatre leçons du sensei

La pensée lean s'est diffusée progressivement dans le réseau des sous-traitants de Toyota à mesure que ses fournisseurs rejoignaient la supply chain en juste-à-temps. Les cadres aguerris du constructeur leur ont montré comment utiliser la pression « à chaque pièce, à chaque livraison » pour repérer et éliminer le gaspillage. Ils ont enseigné aux dirigeants de ces entreprises les bases du TPS et ses principaux outils, afin que ceux-ci puissent les mettre à profit dans leurs propres entreprises. Les dirigeants opérationnels de Toyota et de ses sous-traitants sont ainsi devenus senseis à leur tour. Une fois à la retraite, certains de ces vétérans devenus consultants ont cherché à enseigner la pensée lean aux leaders occidentaux en allant la pratiquer sur leur gemba, au cours de chantiers kaizen d'une semaine (à la différence des cercles de qualité et de suggestions en vigueur chez Toyota). Ces senseis accompagnaient les dirigeants dans leurs propres installations, indiquaient une source précise de gaspillage et les accompagnaient dans l'amélioration du processus pour l'éliminer. Le malentendu est né du fait que les entreprises occidentales pensaient apprendre des techniques d'amélioration des processus, alors que les senseis utilisaient ces exercices d'amélioration pour enseigner la pensée lean.

Demandez à quoi ressemblait cet enseignement à quiconque a été formé auprès d'un sensei à la fin des années 1980 et au début des années 1990, et on vous répondra : « On s'est fait bousculer comme à chaque fois. » Le sensei, souvent un senior, vous conduisait en effet sur le terrain et :

- *Il remettait en cause votre expertise :* il repérait dans vos processus les endroits où, à l'évidence, les choses ne se passaient pas comme elles le devaient.

- *Il vous donnait des exercices :* il concentrait son attention sur un domaine (sans expliquer pourquoi), puis vous donnait un exercice, en indiquant vaguement la technique qu'il souhaitait vous voir appliquer.
- *Il s'intéressait exclusivement au problème repéré :* validation, acquiescement et encouragement étaient rares, mais il écoutait patiemment vos justifications, doutes, soucis, impossibilités, en ignorant complètement les autres difficultés opérationnelles qui survenaient au même moment, pour ne s'intéresser qu'au problème ciblé.
- *Il vous poussait vers l'étape suivante :* travailler avec un sensei était frustrant à plusieurs égards, mais surtout parce qu'il semblait ne pas s'intéresser aux solutions que vous apportiez aux exercices donnés. Il fallait toujours en faire plus et aller plus loin. Ses conseils étaient souvent énigmatiques et autoritaires, par exemple : « Fermez l'entrepôt ! », « Doublez la fréquence des livraisons ! », « 99,5 % de bonnes pièces, c'est 5 000 défauts par million ! » Il montrait l'étape suivante, mais c'était à vous d'en comprendre l'importance et de découvrir comment y aller.

L'un d'entre nous a été le témoin de la première intervention d'un sensei devant les directeurs de division d'un fournisseur de Toyota. Ils étaient venus du monde entier pour le rencontrer. Le sensei est allé droit au poste de travail d'un opérateur, l'a observé attentivement pendant quelques minutes, puis a mis à portée de sa main une caisse de petites pièces placée sur une étagère. Il a observé de nouveau, a déplacé la caisse légèrement sur le côté, puis a opiné, apparemment satisfait. La conférence était terminée. Les directeurs de division, sidérés, se sont tournés vers le directeur industriel et lui ont reproché de leur avoir fait perdre leur temps. Celui-ci a rétorqué que le sensei avait fait le voyage depuis le Japon pour leur montrer cela et que c'était à eux d'apprendre. Il a fallu un certain temps aux directeurs présents pour comprendre que le plus important au montage était de mettre à portée de main des opérateurs les composants dont ils ont besoin pour leur faciliter le travail à deux mains. Quand cette évidence a été enfin comprise, la qualité et la productivité de la société ont considérablement augmenté.

À l'époque, ces interventions nous paraissaient exotiques, voire amusantes. L'apprentissage progressait vite et révélait de nombreuses barrières conceptuelles. Les senseis avaient appris sur le terrain auprès de senseis qui, eux-mêmes, avaient souvent appris de Taiichi Ohno en personne. En effet, chaque sensei a sa propre méthode. Les méthodes sont souvent contradictoires entre elles. En outre, les apprenants tirent parfois des conclusions différentes : il n'y a pas, semble-t-il, *un* corpus de connaissances unifié. Les senseis nous apprennent à réfléchir plus en profondeur, mais ne nous disent pas à quoi réfléchir. Dans une conférence sur le système Toyota, un sensei avait gardé une seule diapositive en arrière-plan pendant toute sa présentation : « Réfléchissez plus profondément ! »

Cette façon d'enseigner est directement liée aux origines du Lean chez Toyota. Nampachi Hayashi, un des premiers senseis à enseigner le Lean aux équipementiers occidentaux, évoque ainsi son propre apprentissage auprès de Taiichi Ohno : « J'avais très peur de M. Ohno quand j'étais jeune. Mais il formait les personnes à réfléchir. Il ne nous donnait jamais la réponse. Même s'il la connaissait, il nous regardait échouer aux exercices qu'il nous donnait. »

Au début du Lean, les senseis malmenaient, parfois rudement, les modes de pensée habituels des managers pour leur ouvrir les yeux sur la réalité du gemba – le vrai terrain, les vraies personnes et les vrais produits – et cherchaient à leur montrer que « pour faire des produits, il faut d'abord former les personnes ». Ils donnaient également des exercices pour apprendre en faisant.

En raison de ce mode d'intervention particulier et unique, de nombreuses histoires sur les senseis tiennent parfois de la légende et du mythe. D'où la question : que fait réellement le sensei ?

Points clés

Les résultats de l'entreprise à l'instant présent sont les meilleurs résultats qu'un dirigeant sait obtenir – s'il savait mieux faire, il le ferait. Les premières rencontres avec un sensei déclenchent la prise de conscience qu'aucune performance supérieure ne sortira de nos modes de pensée actuels, quelles que soient les façons d'organiser ou de réorganiser les choses.

En tant que dirigeant, on peut aisément penser qu'on voit bien la situation et qu'on a raison, mais que les autres ne comprennent pas ou exécutent mal. La tentation est alors d'essayer de faire changer les autres sans se changer soi-même.

Le sensei met le dirigeant en face de l'évidence que les mêmes raisonnements mènent aux mêmes résultats. L'intention sérieuse d'améliorer les résultats requiert de détourner son regard de ce qu'on sait faire et d'aborder les sujets qu'on ne maîtrise pas et qui sont autant d'obstacles sur le chemin de la performance. Le sensei montre concrètement les hypothèses fragiles ou fausses dans les raisonnements du dirigeant : on a beau y croire très fort, on n'y arrivera pas comme ça.

C'est un travail difficile pour des dirigeants qui occupent leur fonction précisément grâce à ce qu'ils savent faire mieux que les autres. Mais les compétences qui permettent d'obtenir un poste ne permettent pas nécessairement d'y réussir.

Travailler avec un sensei veut dire accepter le challenge de se transformer soi-même avant de transformer son organisation.

Chapitre 2

Que fait réellement un sensei ?

Devenir un leader lean, c'est apprendre, *in fine*, à devenir le véritable sensei de sa propre entreprise et à former à la pensée lean la prochaine génération de leaders. Mais que fait exactement un sensei ?

Le mot sensei a été inventé par les Occidentaux, mais quel est le rôle du sensei en pratique ? Quelle est sa contribution directe à la valeur ? Pour comprendre en quoi le rôle d'un sensei est différent de celui d'un consultant, d'un coach ou d'un mentor, il faut savoir comment fonctionne le cerveau humain, même le plus brillant.

Les deux modes du cerveau : l'exploration et l'exécution

En résumé, le cerveau a deux modes de fonctionnement :

- *Le mode exécution.* Nous sommes par nature motivés par des objectifs. La société occidentale a exacerbé cette tendance en renforçant son aspect positif – la poursuite obstinée d'objectifs précis, mais aussi sa faiblesse – la vision étroite qui l'accompagne. Ces raisonnements motivés nous font choisir les faits, les idées et qui nous écoutons quand cela nous arrange, pour justifier ce que nous avons envie de faire. Aujourd'hui, la Silicon Valley a poussé à l'extrême la tradition occidentale avec sa culture du business plan, une fiction inventée pour convaincre les investisseurs, qui se matérialise par des budgets et des plans d'action censés rassurer les actionnaires quoi qu'il advienne en réalité. Ainsi toute réflexion est subordonnée à des objectifs et à des projets fixés *a priori*.

- *Le mode exploration*. Nous sommes également très curieux, prêts à explorer et à expérimenter tant que cela est amusant et pas trop risqué. Nous avons aussi un sens de l'esthétique qui nous conduit à apprécier ce qui est beau, nouveau, intelligent, sincère, sympathique et excitant, quel qu'en soit le bénéfice. Avec le temps, la curiosité juvénile se transforme peu à peu en appréciation et en sagesse, et nous estimons les choses davantage pour ce qu'elles sont que pour leur usage ou leur valeur. Le mode exploration incite à se demander comment de nouveaux éléments ou personnes nous permettraient d'appréhender une situation de manière complètement différente : de chercher des portes là où se dressait apparemment un mur.

Les entreprises sont organisées pour produire. Quelle que soit l'activité, nous sommes confrontés à une contradiction : d'une part, tout est structuré en vue d'atteindre des objectifs par l'application de plans d'action ; de l'autre, les nouveaux problèmes exigent de nouvelles idées. Les solutions aux problèmes émergent souvent de réflexions hors cadre et de visions que d'autres n'ont pas. Par exemple, sur quel numéro de place la voiture est-elle garée ?

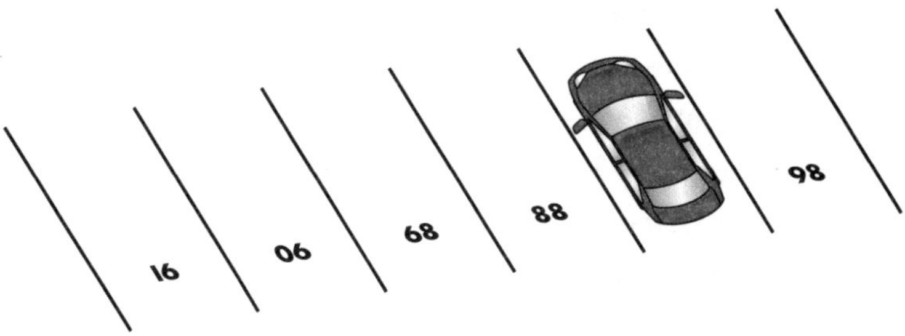

À présent, retournez la feuille !

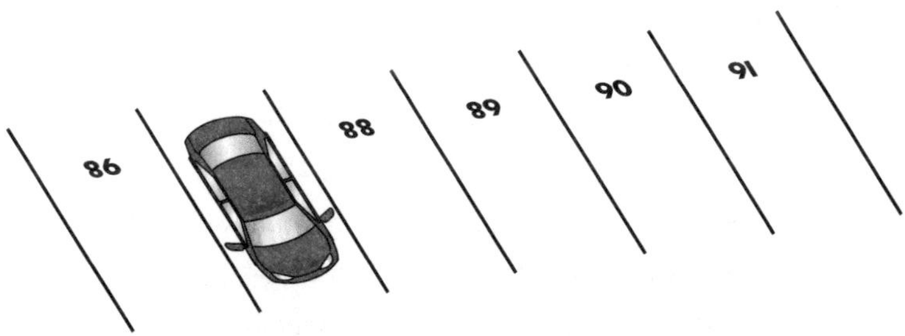

Traditionnellement, toute activité (de la production en usine au développement de logiciels) est organisée pour que les managers décident « qui fait quoi, quand et comment », et un département spécialisé vérifie la qualité. À la suite des conférences de Deming au Japon, Kaoru Ishikawa et Taiichi Ohno ont inversé ce schéma. Les entreprises japonaises ont appris à organiser le travail selon un système tiré par la demande du client et transmise mécaniquement par le kanban piloté par un bureau du contrôle de la production et de la logistique. Les managers opérationnels deviennent responsables principalement de la qualité et de la formation. Dès lors, ils ne peuvent plus donner des ordres (« Fais ceci ou laisse tomber cela ») sans se soucier de la qualité. Ils doivent planifier les approvisionnements de manière à ne pas perturber le flux régulier des cartes kanban. Ils doivent également réagir à chaque alerte qualité afin de s'assurer que seules les bonnes pièces passent au poste suivant – et donc former, former, former encore.

Résoudre un problème difficile requiert la manipulation mentale d'objets abstraits afin de les voir sous des angles nouveaux, sans répéter ce que l'on sait déjà. Les entrepreneurs innovants exploitent des idées nouvelles à partir de questions nouvelles, tandis que leurs concurrents établis essayent d'optimiser ce qu'ils maîtrisent. Cette contradiction explique pourquoi on écrit encore tant d'articles de management (le sujet aurait dû être épuisé depuis longtemps). La moitié d'entre eux sont consacrés à l'optimisation des résultats, l'autre à mettre au pilori les managers qui passent à côté des révolutions faute de se mettre en mode exploration.

Le sensei se doit de contrer le raisonnement motivé et d'attirer l'attention sur les faits discordants et les résultats défavorables pour amener les managers à explorer de nouvelles possibilités. C'est exactement la démarche inverse du consultant qui cherche à optimiser les processus existants de l'entreprise pour améliorer ses résultats, ou du coach dont la mission est d'aider les personnes à améliorer leurs résultats personnels dans la situation telle qu'elle est. Le sensei contribue à la création de valeur en encourageant trois attitudes qui structurent l'esprit d'exploration :

- *Réfléchir plus profondément :* examiner les processus pour vérifier si tout fonctionne comme prévu. Observer la qualité et les flux en temps réel pour voir et entendre les réactions du terrain et découvrir comment les équipes opérationnelles se débrouillent avec des systèmes qui sont rarement en phase avec les besoins et les souhaits des clients.
- *Pratiquer l'ouverture d'esprit :* ouvrir les esprits pour regarder ailleurs, voir le problème différemment, remettre en cause ce qui paraît évident, mais qui n'est que le déploiement d'objectifs et de plans préétablis, et attirer l'attention des dirigeants sur le fait que les marchés évoluent et que les méthodes habituelles ne sont plus adaptées.

- *Inventer des solutions plus concrètes :* pousser les personnes à trouver des réponses différentes aux problèmes existants et exiger sans relâche le passage à la prochaine étape concrète (sans répondre aux questions) : qu'allez-vous faire ensuite ? À votre avis, quel est le problème ? Comment allez-vous procéder ? Par quoi allez-vous commencer concrètement ? Comment saurez-vous si cela marche ou pas ?

Le président de Toyota Afrique du Sud raconte que son sensei, visitant l'une de ses usines, a montré du doigt du papier balayé par le vent dans les allées de l'atelier : « C'est l'Afrique, sensei, ai-je dit. Le vent... » Après réflexion, le sensei a fait remarquer : « Le vent ne fabrique pas de papier. » Par cette remarque, il s'attachait à la fois à l'ouverture d'esprit du dirigeant (du papier qui vole dans l'usine ! Que dire des conditions de travail ?) et à sa capacité à réfléchir plus profondément (votre réponse n'a pas de sens : le vent ne produit pas de papier).

Le leader sur le terrain avec un sensei

Contrairement au consultant, au coach ou au mentor, le sensei n'a pas besoin de connaître les réponses (puisqu'il s'agit d'un exercice d'exploration), mais il a une bonne idée de l'endroit où regarder. En pratique, le sensei :

1. *Vous accompagnera sur le gemba.* Il conduit le dirigeant à l'endroit physique où le client utilise le service et où les opérationnels travaillent pour observer en direct ce qu'il se passe en réalité, au lieu de lire un PowerPoint. Le premier rôle du sensei est d'entretenir le dialogue avec la réalité en étudiant des cas précis et détaillés d'échec d'exécution – plaintes de clients, retouches et retards de livraison, etc. Aller sur le terrain et regarder ne se réduit pas à de l'observation. Il s'agit de se confronter à des problèmes concrets pour se rendre compte des contraintes et de leur réalité incontournable afin de comprendre le problème plus en profondeur.
2. *Discutera des vrais défis.* Les échanges en entreprise ont pour sujet implicite les objectifs (voici ce qu'on veut obtenir) et les plans (voilà ce qu'on doit faire). Le rôle du sensei est de questionner les hypothèses implicites dans ces instructions en amenant les acteurs à s'accorder sur le problème avant de discuter des solutions. Il s'agit essentiellement d'un exercice de logique : clarifier les raisons d'être des objectifs (souvent contradictoires et flous) et le plan d'action pour les atteindre (souvent une ligne en pointillés fondée sur des croyances et des chimères plutôt que la logique). Au lieu de dire : « Je ne suis

pas d'accord », le sensei dira : « Je ne comprends vraiment pas comment ce dispositif produira ce que vous cherchez à obtenir. » Le travail du sensei est de clarifier les principales difficultés que l'entreprise doit résoudre pour prospérer, plutôt que d'appliquer des solutions toutes faites.

3. *Vous prescrira des exercices.* Le véritable apprentissage n'est pas un eurêka !, un moment de compréhension soudain qui crée un « avant » et un « après ». Il s'agit surtout d'une familiarisation avec une nouvelle façon de penser ou d'agir jusqu'à ce qu'elle devienne une habitude. Pour aider les personnes à explorer ce qui n'est pas sous leurs yeux, le sensei donne des exercices, tels le « 5S », le « leadtime », « Arrêtez en cas de doute sur la qualité et observez ». Ces exercices pratiques, décrits en détail dans le Système de Production Toyota, sont conçus pour amener les dirigeants et leurs équipes à apprendre en faisant, par l'exploration d'un problème difficile à partir de cas concrets et précis. Les outils du TPS ne sont pas des instruments d'amélioration aléatoires mais des exercices spécifiques pour analyser et résoudre des problèmes récurrents, liés aux problématiques majeures de l'entreprise.

Le SMED[11] n'est pas une méthode de changement d'outillage : c'est apprendre à gérer des séries plus petites, situation inconfortable pour les dirigeants d'entreprises structurées pour produire au prix unitaire le plus bas. Les exercices n'ont pas de réponses *a priori* (encore une fois, il s'agit d'exploration et non de résultat), ce sont les praticiens eux-mêmes qui découvriront leurs propres réponses en répétant les exercices.

4. *Vous enseignera le PDCA.* S'il existe des exercices pour développer l'ouverture d'esprit, développer la réflexion en profondeur est tout aussi important. Réfléchir en profondeur signifie aller au-delà des réflexes de la mémoire et s'engager dans un processus lent de réflexion qui consiste à confronter nos idées à ce que nous savons et voyons, et à les bousculer. C'est un exercice difficile, tant sur le plan personnel que social. Pour comprendre réellement quelque chose, il faut s'efforcer de le modifier : l'engagement à changer est ce qui nous force à considérer sérieusement une idée et à observer ce

---

11 La méthode SMED a pour objet de réduire le temps d'un changement de série et de permettre ainsi de réduire la taille de lot minimale. Cette méthode de « changement rapide d'outil » a été développée par Shigeo Shingo pour le compte de l'entreprise Toyota. SMED est l'abréviation de l'anglais *single-minute exchange of die(s)*, littéralement « changement de moules à la minute ».

qui se passe en réalité. Dans son manuel interne de « développement au poste de travail », Toyota se décrit comme une somme de cycles de PDCA qui contribuent à « la prospérité et à la croissance à long terme de l'entreprise[12] ».

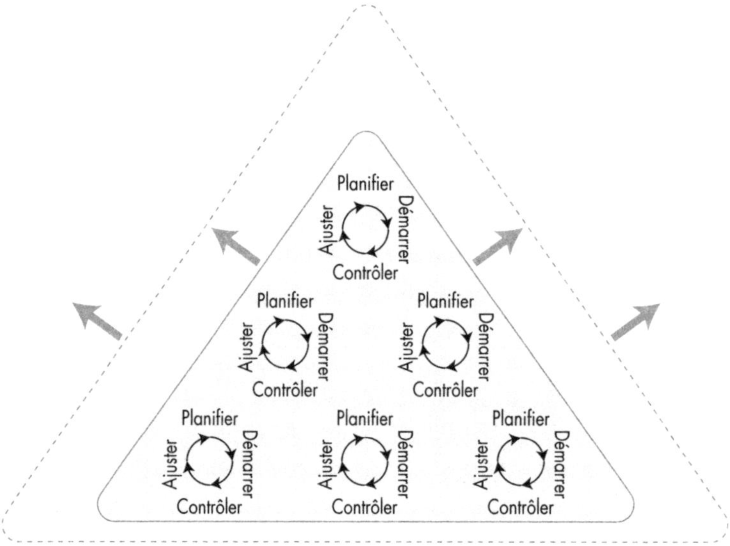

Plan, Do, Check, Act (PDCA)

Le principal guide de réflexion approfondie est le cycle PDCA (la « roue » de W. E. Deming) : planifier (*plan*), démarrer (*do*), contrôler (*check*), ajuster (*act*). C'est-à-dire expliciter le changement qu'on

12 *On The Job Development*, Toyota Institute, Toyota Motor Corporation, 2007.

souhaite planifier et sa raison ; le démarrer à petite échelle pour voir ce qui se passerait si on l'appliquait ; contrôler ses effets, quantitativement si cela est possible, sinon en observant attentivement ; décider ensuite si on souhaite adopter ce changement, l'ajuster ou l'abandonner. Esclaves du raisonnement motivé (regarder seulement les faits justifiant ce qu'on a l'intention de faire), la plupart des acteurs travaillent en mode planifier/démarrer sans jamais contrôler/ajuster. Le sensei insiste pour aller jusqu'au bout du cycle PDCA, à savoir un *check* et un *act* afin que les personnes réfléchissent en profondeur au lieu de se contenter de raisonnements de surface.

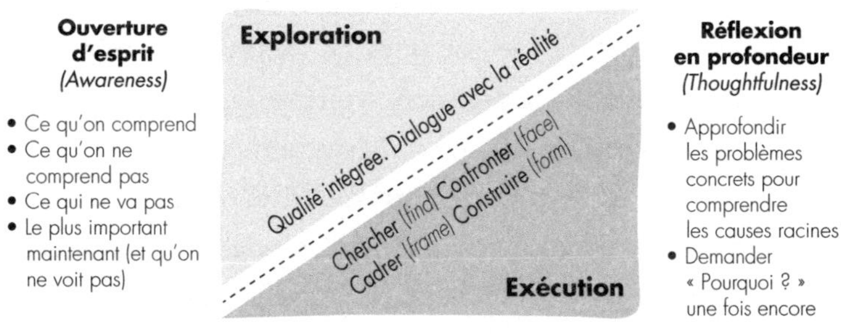

5. *Vous poussera à l'étape suivante :* les sensei ne semblent jamais satisfaits de ce que vous avez réalisé : « Et après ? » répètent-ils toujours. Hajime Ohba, sensei qui a longtemps accompagné les équipementiers de Toyota en Amérique du Nord, explique qu'en visant l'objectif idéal, « l'étoile polaire », on s'oriente toujours vers ce qu'il est nécessaire de faire et non ce qu'il est possible de faire. Son approche est caractéristique de la démarche que d'autres senseis nous font adopter : réfléchir en profondeur à ce qu'on voit et tester les idées immédiatement ; avancer d'expérimentation en expérimentation pour faire évoluer les méthodes de travail. Toujours demander « Et après ? » suppose de ne pas s'arrêter aux améliorations obtenues et de toujours se demander ce qu'il reste à accomplir. Dans cette méthode, la réflexion procède toujours de l'action et l'apprentissage naît de la première, voire de la seconde, tentative d'explorer de ce qui est vraiment nouveau et dérangeant. On entend souvent dire que les senseis ne sont jamais contents. En fait, au-delà de l'horizon du connu, ils cherchent la nouvelle idée concrète qui brisera la contrainte et ouvrira un nouvel espace d'amélioration.

Trouver un équilibre entre exploration et exécution

Le leader et le sensei contribuent directement à la création de valeur en maintenant l'équilibre entre exécution (le leader) et exploration (le sensei), et en s'assurant que cet équilibre est maintenu. Au fil du temps, le leader se découvre sensei en trouvant par lui-même des sujets d'exploration et découvre que le sensei se penche très souvent sur des problèmes d'exécution – les deux sont intimement liés.

Autre exemple : un manager est préoccupé par l'installation d'un nouveau procédé. Il explique au sensei que les coûts du procédé plombent ses comptes et que, dans ces conditions, il ne voit pas comment atteindre ses objectifs de coûts. Le sensei acquiesce et le questionne sur son niveau de qualité.

« Aucun problème de ce côté, s'interpose le directeur de l'usine qui est présent. Le niveau est excellent.

— Plus précisément ? insiste le sensei.

— Notre taux de défaut est inférieur à un par million. (Ce qui est remarquable en effet.)

— Donc vous avez très peu de pièces défectueuses ? continue le sensei.

— Très peu en effet, répète le directeur exaspéré. Mais la structure de coûts du nouveau procédé…

— Elles doivent être très intéressantes, coupe le sensei. Montrez-moi la toute dernière pièce défectueuse. »

Il s'est avéré que la résolution des derniers problèmes de qualité sur le procédé a permis une meilleure compréhension des technologies. Les modifications ont considérablement diminué les coûts et, par conséquent, ont réglé le problème de coût posé au départ.

Pourquoi le sensei insiste-t-il sur la qualité au lieu d'examiner d'emblée le problème de coût ? Parce qu'il applique une autre théorie. Le responsable de l'activité examine son budget en regardant les problèmes ligne à ligne :

- Coût de la non-qualité : ok, puisque nous avons très peu de défauts.
- Coûts d'exploitation : pas ok, puisque nos coûts globaux sont trop élevés.

Comme tous les managers, le responsable s'intéresse aux lignes budgétaires qui posent problème et cherche à y remédier, avant de passer au problème suivant. Le sensei, lui, ne subit pas la pression du résultat (ce n'est pas son problème immédiat) : il enseigne au manager comment améliorer ses résultats par une exploration qui requiert une compréhension plus fine du problème. Au lieu de régler celui-ci ligne à ligne, il est guidé par une autre idée : les bons résultats proviennent de bons processus (dans ce contexte, le « processus » est un *mode d'action répété*).

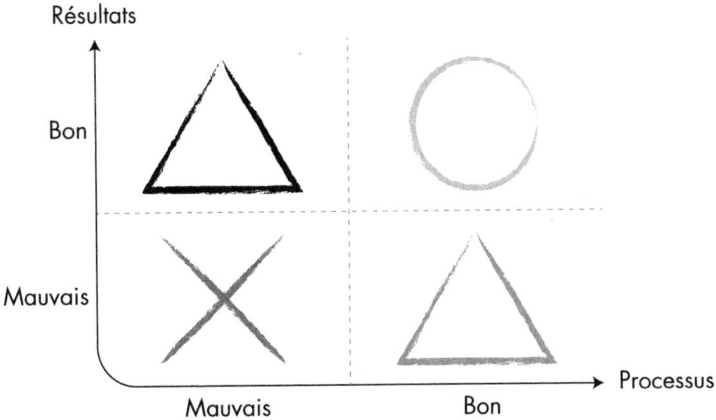

On peut dire en plaisantant qu'il vaut mieux, de temps en temps, avoir de la chance plutôt que d'être bon, mais il est difficile d'être chanceux tous les jours. La chance, c'est d'avoir de bons résultats sans comprendre vraiment pourquoi. En revanche, s'accrocher à une méthode éprouvée qui donne de mauvais résultats est stupide (mais cela n'a jamais arrêté personne).

Le sensei sait que les problèmes de qualité sont causés par un défaut de compréhension des processus physiques mis en œuvre dans la fabrication des pièces. Il sait aussi qu'au quotidien, les opérateurs compensent ces lacunes en faisant preuve d'astuce. En revanche, le sensei n'a aucune idée de la façon dont les opérateurs compensent (ou masquent) les problèmes sur le terrain.

Au lieu de suivre le raisonnement linéaire du manager (performance qualité → action qualité et performance coût → action sur les coûts), le sensei suggère une investigation du problème en pensant : qualité → défaut de compréhension du processus. En orientant l'équipe sur le terrain vers des questions concrètes de qualité afin de mieux comprendre en détail le processus d'exécution, le sensei a de solides espoirs que les acteurs découvriront les leviers de réduction des coûts en arrêtant de contourner les problèmes et en apprenant quels paramètres contrôler de plus près.

Dans notre exemple, les difficultés provenaient d'un problème de qualité chez le fournisseur qui, faute d'avoir été identifié, provoquait des contretemps sur toute la ligne. Le sensei n'avait aucun moyen de le savoir, mais il avait l'expérience lui permettant de savoir où regarder, la méthode pour inciter les acteurs à regarder, ainsi que la crédibilité pour obtenir d'eux de s'intéresser à quelque chose qui, à leurs yeux, ne réglait pas leur problème à court terme.

Contrairement aux autres experts, le sensei n'est pas censé connaître les réponses. Toutefois, on attend de lui, comme des conseillers scientifiques, une excellente compréhension des questions. On attend des responsables lean et des consultants qu'ils maîtrisent les outils du Lean et aident les équipes à améliorer leurs performances par l'amélioration des processus. Mais on attend des senseis qu'ils développent les personnes en vue de faire grandir l'entreprise dans son ensemble ; ce qui est un tout autre défi.

Le rôle du sensei est de montrer, sur le terrain, les écarts entre situations normales et situations anormales afin de faire mieux observer et, ainsi, garder les discussions sur les bons problèmes. Que faut-il savoir pour y arriver ?

Points clés

Passer du temps sur le terrain avec un sensei permet de clarifier les challenges stratégiques (quelles sont les questions difficiles auxquelles nous devons apprendre à répondre) et les priorités tactiques (distinguer « éteindre les feux » de « résoudre réellement les problèmes »).

Les clients vont et viennent. Les collègues, eux, sont là tous les jours. Très naturellement, le regard des collaborateurs se détourne des clients et de leurs exigences individuelles pour se focaliser sur les négociations internes à l'entreprise et le maintien d'activités routinières. Chacun se trouve facilement en train de faire son travail quotidien machinalement (d'autant plus que les outils et systèmes sont souvent rigides et peu flexibles) tout en essayant d'améliorer sa situation dans l'organisation – ou en étant captivé par les rebondissements et les drames internes.

Maintenir l'orientation de chacun vers les clients est salutaire pour l'entreprise – son succès dépend du nombre croissant de clients engagés dans sa réussite – mais jamais facile, car les feux à éteindre en interne sont nombreux et présentent souvent de réels casse-tête. En questionnant sans arrêt la valeur (qu'est-ce qu'on offre au client ? Quel problème crée-t-on au client, qu'est-ce qu'on lui « coûte » ?), le sensei remet l'église au centre du village – le client – et permet au leader de clarifier ses propres priorités.

Résoudre des problèmes clients est toujours positif car, d'une part, cela augmente la satisfaction client et la réputation de l'entreprise, donc sa croissance et, d'autre part, c'est une bonne idée qui met tout le monde d'accord en interne. Les problèmes des clients sont donc un excellent point de départ pour apprendre à résoudre des problèmes en général : ce sont des problèmes forcément bons à traiter, si on les voit bien comme un point de départ, et non comme un point d'arrivée.

Chapitre 3

Que sait un sensei ?

Un dirigeant qui s'engage dans une démarche lean commence le plus souvent avec un consultant, embauche un pilote lean pour manager la démarche en interne et crée un lean office de consultants internes pour animer le kaizen dans les équipes. Malheureusement, les dirigeants mordus par le Lean et qui souhaitent devenir des leaders lean déchantent assez vite et découvrent que consultants ou pilotes lean sont loin de pouvoir faire office de sensei.

Nombre de pilotes lean ont été formés au Lean et savent animer des ateliers d'amélioration kaizen. Cependant, pour devenir sensei, la marche reste haute. Il faut pouvoir convaincre les dirigeants d'être coachés sur le terrain, les managers opérationnels de réviser leurs façons de faire et les opérateurs que participer aux améliorations est dans leur intérêt. Quelle est la différence essentielle entre un responsable lean et un sensei ?

- Le responsable lean apprend aux opérateurs et à leurs managers des techniques lean pour éliminer les gaspillages dans les processus.
- Le sensei étudie les gaspillages et utilise des méthodes de résolution de problèmes pour apprendre aux dirigeants à mieux comprendre leurs clients, leurs produits ou leurs services, leurs processus industriels et logistiques et à devenir plus compétitifs.

Savoir trouver les bons problèmes

Si le sensei n'est pas tenu de connaître les réponses aux questions qu'il soulève (c'est aux dirigeants de découvrir leurs propres réponses), il doit savoir poser les bonnes questions. Il lui revient donc de se tenir en permanence au fait de la vie de l'entreprise, de ses produits et de ses processus opérationnels.

À mesure que les dirigeants occidentaux s'efforçaient de comprendre le mode d'enseignement pratiqué par les vétérans de Toyota, le rôle du sensei se définissait progressivement. Ils ont ainsi découvert que les sensei avaient :

1. Une connaissance approfondie de l'industrie automobile, pour y avoir fait toute leur carrière, et certains pour l'avoir vue naître au Japon dans les années 1960 et 1970.

2. Une compréhension fine du produit « automobile » car nombre d'entre eux ont été impliqués dans la conception ou le démarrage de la production de masse des premiers modèles de Toyota.
3. Une expérience personnelle pointue de l'évolution des systèmes de production du fordisme traditionnel au toyotisme, pour avoir contribué de première main à l'assemblage hétéroclite d'exercices d'amélioration qui a donné naissance au TPS.
4. Et, pour y avoir été eux-mêmes formés, une tradition de l'apprentissage par l'action qui consiste à se fixer des défis presque impossibles et à les relever intelligemment.

À la spécificité de ce rôle très particulier, se sont ajoutés les problèmes de langue et de traduction, les différences culturelles des modes d'apprentissage, l'autoritarisme de certains managers de Toyota (tous les « anciens » du constructeur ne sont pas, naturellement, aussi péremptoires). Aussi, il n'est pas étonnant que les ingénieurs occidentaux aient eu du mal à cerner le profil de ces premiers formateurs et aient façonné une image quasiment mythique du sensei, proche de la culture populaire, quelque part entre Mr Miyagi de *Karaté Kid* et Maître Splinter des *Tortues Ninja*.

Connaître les produits et procédés dans leur contexte

Il n'en demeure pas moins que pour être efficace, le sensei doit développer sa connaissance et son mode personnel d'exploration des bonnes questions à poser, en étudiant :

1. *Les entreprises dans leur environnement.* Les conditions de marché changent plus vite que les entreprises ne savent s'adapter. En revanche, contrairement à l'image que l'entreprise se donne, Toyota est un concurrent très agressif. Une plus grande flexibilité, grâce au développement rapide de produits et à une diversité de modèles, lui a permis de donner le tempo pour attaquer l'industrie automobile. D'abord le marché automobile japonais dans les années 1960 ; puis, grâce à ses performances en qualité, ses options montées en série et ses voitures propres et hybrides, le marché américain dans les années 1990 ; et enfin, de riposter aujourd'hui à la révolution de la connectivité déclenchée par Tesla. Dans tous les secteurs, la ligne de front est mouvante. Ce sont, par exemple, les technologies de l'information qui passent des unités centrales aux micro-ordinateurs, aux PC, aux plates-formes internet, à la digitalisation et aux services numériques à distance (cloud). La plupart des entreprises, par exemple, celles qui

essayent de numériser leurs anciennes méthodes de travail, s'embourbent dans des guerres du passé. Le sensei doit donc être capable de poser les bonnes questions afin d'orienter l'activité vers la ligne de front et lui permettre de remporter la bataille.

2. *L'évolution des produits.* La pression du marché se reflète dans la conception des produits. Les voitures ont dû être successivement faciles à entretenir par le propriétaire lui-même (le modèle T de Ford), tendance, sûres, économes en carburant, et maintenant connectées. Cette évolution se manifeste dans les dessins et les choix de l'ingénierie dont les grandes composantes connaissent toutes une courbe d'apprentissage (comme on peut le voir au musée de l'Automobile de Toyota). Le sensei n'a pas besoin d'être un expert dans tous les aspects de la conception d'un produit, mais il doit être attentif aux pressions du marché et aux solutions technologiques choisies par l'entreprise (comparées à celles de ses concurrents). Un intérêt pour l'évolution des produits est le minimum requis.
3. *L'histoire des systèmes de production.* Les processus opérationnels ne se conforment pas uniquement à l'évolution des produits ou des services. Ils résultent également des pressions d'optimisation exercées sans relâche par les dirigeants ou les changements de réglementation. Là encore, s'il veut comprendre

les processus tels qu'ils sont aujourd'hui, le sensei doit suivre l'historique de ces changements. La superposition de systèmes de contrôle managériaux et de systèmes technologiques explique en grande partie leur rigidité et la faiblesse de leurs performances. Pour poser les « bonnes » questions, le sensei doit donc avoir une connaissance informée du passé et des pressions qui s'exercent sur les systèmes de production.

4. *Comprendre les mécanismes de la pensée.* Le sensei cherche à faire réfléchir les gens et à les inciter à aller plus au fond des choses. Pour y parvenir, il a besoin d'avoir les idées claires sur les mécanismes mentaux : savoir, par exemple, distinguer les réactions (rapides) du cadrage (lent) des problèmes. Il doit aussi garder son sens critique par rapport aux conclusions extrêmes. Souvent, la réflexion ressemble à nos glissades d'enfant : une fois sur le toboggan, on va droit à la conclusion connue d'avance. On réfléchit en exprimant des contraintes, en les critiquant selon les nécessités de la situation et en tirant de nouvelles conclusions originales qu'il faut ensuite vendre à ses pairs. Le cerveau est ainsi fait qu'il rend crédible ce qu'il traite le plus facilement et rien n'est plus facile à traiter pour lui que ce qu'il voit (zéro effort, l'information arrive droit au cerveau). Avoir une bonne connaissance du fonctionnement

de base du cerveau et des biais cognitifs compte pour beaucoup dans le travail du sensei.

Voici, en illustration, une autre histoire célèbre de sensei. Au cours d'une visite chez un fournisseur, un sensei de Toyota observe un robot en train de peindre des pièces. Il quitte l'usine et va en ville acheter un sèche-cheveux. Muni de l'appareil, il entreprend de montrer aux ingénieurs réunis comment sécher les pièces et les mouvements que le robot a du mal à faire. M. Oba a ainsi démontré que l'investissement de 280 000 dollars non seulement dégradait la qualité mais augmentait également les coûts[13]. L'anecdote montre que les senseis ont souvent une connaissance technique très approfondie de leur domaine d'intervention. S'il est presque impossible d'atteindre soi-même un niveau semblable dans un autre domaine, l'exemple n'en reste pas moins à suivre. Comprendre le cadre est insuffisant : il faut s'obliger à descendre du niveau général de l'ingénierie et de la production au niveau infiniment petit du sèche-cheveux.

Dans le Lean, le premier sujet de réflexion est la valeur : comprendre comment et en quoi les produits et les services aident les clients à résoudre leurs problèmes, selon leur mode de vie. Puis passer à l'analyse de la valeur en résolvant les problèmes des processus de

13 N. Shirouzu, « How does Toyota Maintain Quality: Mr. Oba's Hair Dryer Offers a Clue », *The Wall Street Journal*, 15 mars 2001.

production existants, ce qui aide à mieux comprendre les problèmes fondamentaux d'ingénierie résolus par l'ingénierie de la valeur, c'est-à-dire l'amélioration du design en phase de conception, afin de mieux ajuster les produits et les services aux souhaits des clients. Ce processus oblige à se confronter aux véritables lacunes de compétences et à y remédier selon des courbes d'apprentissage concrètes, étape par étape.

Demander « Pourquoi ? »

Travailler avec un sensei est très différent de se faire accompagner par un consultant traditionnel : le premier élargit la perspective de l'intérieur vers l'extérieur pour comprendre l'envergure des problèmes, tandis que le second la resserre de l'extérieur vers l'intérieur pour appliquer des outils génériques censés fonctionner en toutes circonstances. Le sensei commence par demander « Pourquoi ? », le consultant « Comment ? » Pour apprendre à devenir sensei, il faut accepter l'idée que Toyota ne s'est pas contenté d'appliquer toujours la même recette. Durant la décennie critique des années 1960, Eiji Toyoda a encouragé plusieurs systèmes d'apprentissage : une meilleure théorie économique avec le hoshin kanri (partir de la planification produit jusqu'au déploiement complet de la politique) ; une meilleure théorie des produits avec un système de développement produit centré sur les ingénieurs en chef ; une meilleure théorie de la production avec le Système de Production Toyota ; une meilleure théorie du management avec le management par la qualité totale.

Comme tout le monde, les six auteurs de ce livre ont commencé par apprendre les méthodes des consultants : s'emparer d'un outil et l'appliquer à toutes les configurations. En général, cet outil est une forme de cartographie des processus. Au siècle dernier, Michael déroulait du papier au mur sur lequel il cartographiait minutieusement le processus à l'aide de Post-it. Il estimait ensuite un temps de flux (entre le début et la fin du processus) et un taux d'efficacité (le pourcentage de tâches à valeur ajoutée rapporté à la durée totale). Puis il cherchait la façon d'améliorer ces indicateurs (il a même écrit un livre à ce propos[14]). Les cinq autres auteurs ont appris la méthode lean de cartographie des flux de valeur (*value stream mapping*) qui est très proche. C'est un bon point de départ parmi d'autres, puisque le processus devra de toute façon être cartographié. Après, les chemins du consultant et du sensei divergent. Le consultant appliquera l'outil en toutes circonstances avec de plus en plus de rigueur, tandis que le sensei préparera la voie d'un apprentissage continu pour comprendre les véritables enjeux.

---

14 M. Ballé, *Reengineering des processus*, Paris, Dunod, 2000.

Un processus est essentiellement une séquence d'étapes indépendantes guidée par :

Instructions → Production → Stock ou reste à faire

Les hommes ne sont ni fous ni idiots : la plupart des processus sont logiques, mais ils sont impactés par des événements de toute nature qui introduisent des variations dans la séquence :

Variations des instructions → Variations à la production → Fluctuations des stocks

Ces dynamiques interagissent, créant un embrouillamini incompréhensible et inefficace. Sans une analyse approfondie de l'ensemble des systèmes, la plupart des actions directes provoquent le syndrome de l'oreiller : serré à un bout, il gonfle à l'autre. Il faut trouver l'origine des variations, à la fois dans l'environnement et les conditions de production et, plus précisément, dans la façon dont les personnes interprètent les événements imprévus et les traduisent en décisions au fil de l'eau, avec souvent des conséquences inattendues. Là où le consultant réduit l'angle de vue vers l'intérieur pour éliminer une cause, le sensei l'élargit vers l'extérieur pour comprendre les conditions de son apparition.

Les trois productivités du Lean

L'approche du sensei est l'apprentissage et il y a beaucoup à apprendre : pour savoir, il faut d'abord apprendre. Prenons l'exemple concret d'une activité que les auteurs connaissent bien. Visualisez une usine de réparation de voitures d'occasion (un garage de dimension industrielle) : l'usine garantit l'absence de tout problème mécanique (l'entreprise revend une voiture fiable), répare les éléments de carrosserie réparables et affiche les photos des problèmes restants (afin que l'acheteur sache ce qu'il achète). L'usine a été conçue selon les principes du Lean par un consultant qui a utilisé la cartographie des flux de valeur. Elle produit 700 véhicules par mois.

L'activité est en croissance et la direction envisage la construction d'une seconde usine qui permettrait de doubler la capacité de production mensuelle. L'investissement est évalué à 10 millions d'euros et le coût annuel d'exploitation à 500 000 euros.

Un sensei est consulté. Après la visite de l'usine, il demande : « Quel a été le record de production journalière ? » Sa question repose sur une théorie de la production :

1. *Productivité des actifs :* comment utiliser pleinement les capacités existantes ?
2. *Productivité des personnes :* comment la façon de travailler affecte-t-elle l'utilisation des actifs ?

3. *Productivité des matériaux :* comment les composants et les matériaux utilisés affectent-ils la façon de travailler (ainsi que les retouches et les reprogrammations), par ricochet la productivité des actifs ?

Compte tenu de la réponse du directeur de l'usine, le sensei suggère qu'il n'est pas nécessaire de construire une seconde usine : le problème est d'améliorer la production avec les actifs existants. Exploiter le véritable potentiel consiste à examiner les meilleures performances dues à des circonstances exceptionnelles et à appliquer celles-ci au travail quotidien. On mesure ainsi l'étendue de la tâche à accomplir : rendre l'imprévu prévisible et l'exceptionnel reproductible.

Évidemment, le directeur proteste : c'est impossible. Mais cela intéresse le propriétaire qui demande : comment faire ? Le sensei répond qu'il ne sait pas, mais que le TPS est un bon point de départ : appliquer les bases du juste-à-temps (système de flux tiré) et du jidoka (un système d'alerte andon pour repérer les problèmes là où ils apparaissent), et ensuite régler les problèmes.

Après quelques mois, l'usine double sa production les meilleurs jours (grâce, essentiellement, à une meilleure compréhension de l'approvisionnement en pièces complexes et de la programmation du travail qui en résulte) et les stocks ont considérablement diminué. Le directeur de l'usine a découvert que le programme de production dépendait d'une estimation de la disponibilité des pièces (au lieu de les programmer et d'assurer leur approvisionnement). Cela créait un immense embouteillage – et un stock inutile – de voitures, garées partout dans l'usine dans l'attente des bonnes pièces. L'amélioration des performances était spectaculaire, mais elle était toutefois très instable et l'augmentation de la production n'atteignait pas la production d'une seconde usine.

En complément du TPS, le sensei s'est tourné vers les outils TQM pour améliorer les procédures des fonctions supports : salle de management *obeya* avec des rapports A3 de résolution de problèmes ; management visuel quotidien sur le site avec résolution de problèmes suivant la méthode 4M (manutention, machine, matériaux, méthodes). La production quotidienne a augmenté progressivement grâce à une meilleure programmation : moins de *mura* (instabilité de la demande), un meilleur management des opérateurs et des fournisseurs, donc moins de *muri* (surcharge et demandes impossibles), un meilleur respect des objectifs quotidiens, et finalement moins de *muda* (gaspillage d'efforts).

Résultat : deux ans plus tard, la production est passée de 700 à 1 200 voitures par mois pour un investissement total de 100 000 euros. Le dirigeant estime qu'il répond mieux à la demande du client final (le vrai), tout en ayant économisé 13 millions d'euros (investissement et coûts opérationnels de la seconde usine qui n'a pas été construite), avec un impact positif sur l'EBITDA de 500 000 euros par an. Auparavant, il fallait sept à dix jours pour remettre à niveau une voiture ; à présent, 70 % du volume sont traités en moins de trois jours et les délais ont été réduits d'un tiers. Le Lean, c'est ça.

L'étape suivante est de passer au Système de Développement Produit pour comprendre comment la rotation plus rapide des véhicules, que permettent des délais considérablement réduits (grâce aux exercices du TPS et du TQM), peut être transformée en avantage compétitif, en faisant bénéficier les clients de délais de livraison beaucoup plus rapides ou d'autres avantages.

Ici, la séquence de la réflexion du sensei est la suivante :

Prendre la mesure des gains systémiques avec le hoshin kanri → Visualiser les processus sur le gemba pour révéler les problèmes et commencer à les résoudre immédiatement avec le Système de Production Toyota → Éviter les retours en arrière et stabiliser les expériences réussies en modifiant les procédures managériales avec le management par la qualité totale → Chercher à améliorer l'offre client avec le système de développement produit.

Hoshin Kanri :
Mieux comprendre le problème de l'activité, prendre la mesure de son véritable potentiel et impliquer l'ensemble de l'entreprise dans des plans issus d'allers-retours entre tous les niveaux de l'entreprise.

Système de Production Toyota :
Engager les équipes par la visualisation des processus, la révélation des problèmes, l'application en direct d'expériences et leur observation.

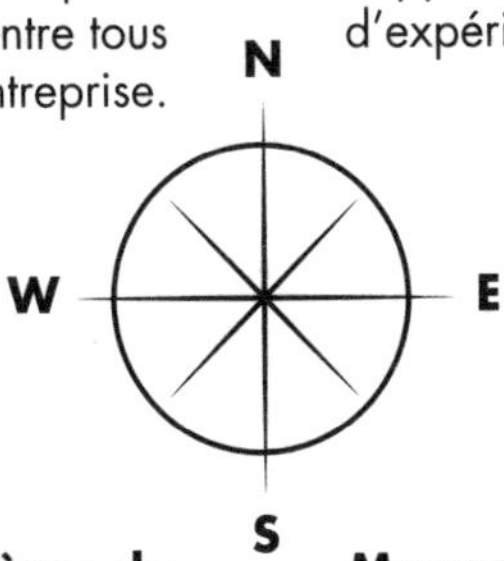

Système de développement produit :
Garantir les résultats futurs en intégrant les apprentissages dans la nouvelle génération de produits et de processus.

Management par la qualité totale :
Éviter les retours en arrière en impliquant les services support dans la création de meilleures procédures managériales par la systématisation du PDCA.

Le sensei n'a pas besoin de connaître à fond ces quatre systèmes d'apprentissage ni, au départ, les processus de production eux-mêmes. Pour réussir, il doit néanmoins s'efforcer d'en apprendre davantage chaque jour, à la fois sur les systèmes d'apprentissage lean, les caractéristiques des systèmes de production du gemba et la réflexion managériale. Pour y parvenir, le leader lean doit adopter la perspective fondamentale de la pensée lean. À savoir :

- Les bonnes réponses existent mais elles sont cachées – nous ne les connaissons pas, nous devons les chercher.
- Il y a en revanche des erreurs connues que nous pouvons éviter (en dépit des managers qui s'obstinent souvent à les répéter encore et encore).
- Continuer à chercher des réponses adéquates, par l'apprentissage sur le gemba et la résolution de problèmes, pour retenir ce qu'il est possible d'apprendre des contre-mesures locales jusqu'aux exercices pratiques sur le terrain.
- Nous avons des méthodes éprouvées pour commencer l'investigation ; ces méthodes sont un point de départ, pas un aboutissement.

L'enjeu n'est pas de savoir *a priori*, mais de savoir où chercher quand on ne sait pas : par où commencer le processus d'apprentissage, définir son orientation et reconnaître les pièges classiques à éviter.

Pour devenir sensei à son tour, il n'est pas nécessaire de connaître de fond en comble une activité. En revanche, il faut s'intéresser de près au contexte qui a produit le système de production existant et les difficultés rencontrées. Toutefois, les senseis ne sont pas des conseillers généralistes, leur rôle est intimement lié à la pensée lean. Connaître les outils du Lean et les principes nés chez Toyota est à l'évidence indispensable.

Il est également crucial de comprendre en profondeur les effets de l'utilisation de ces outils et de ces principes sur l'activité.

Il faut toutefois noter que même si le sensei s'appuie sur l'ensemble des systèmes d'apprentissage développés par Toyota, il démarre par – et revient – toujours au TPS. D'où la question : que doit-on vraiment apprendre du Système de Production Toyota ?

Points clés

Sur le terrain, le sensei sait regarder quatre choses :

- Quelle valeur pour le client (bénéfices/coûts, les fonctions et les technologies sous-jacentes) ?
- Les ressources sont-elles au bon endroit pour délivrer cette valeur en permanence ?
- Les tâches sont-elles faciles pour un travail sans danger, serein et efficace ?
- Qui doit apprendre quoi pour progresser – personnellement et collectivement ?

Grâce à ce regard, le leader prend conscience que, dans son fonctionnement normal, l'entreprise à tendance à confondre les buts (ce qu'on a l'intention de faire) et les objectifs (ce qu'on mesure et récompense), perdant souvent le fil de la satisfaction client. Il y a aussi une tendance à rigidifier les ressources en fonction des allocations budgétaires et non des besoins. Par exemple, pour une entreprise digitale, il est facile de penser qu'on ne fait pas assez de croissance parce qu'on ne génère pas assez de trafic sur le site, alors qu'en fait, on n'offre pas assez de valeur évidente pour attirer des clients en masse. Et il est aussi facile de penser que lorsqu'une usine est apparemment saturée en volume (elle ne sait pas produire plus), il faut en construire une autre pour répondre à la demande, alors qu'en fait, la première peut aller deux fois plus vite si on lui apprend à reconnaître et à éliminer ses propres gaspillages.

En tant que leader, il est facile de penser que les produits sont bien conçus et que les améliorations de ventes et de marge viennent de l'efficacité de la production – après tout, c'est là qu'on trouve les 80/20 de Pareto en termes d'engagement de ressources. Mais plus le leader travaille avec le sensei à mieux observer les clients et les modes de travail, plus il se rend compte que l'évolution et la conception des produits expliquent largement l'organisation des processus de production eux-mêmes – et donc le chiffre d'affaires et la rentabilité.

Alors qu'à première vue, le leader pensait qu'il s'agissait d'améliorer les processus opérationnels pour les rendre plus efficaces, il ou elle se rend compte que les enjeux de l'entreprise se jouent sur :

- La conception produit et l'adéquation des produits au marché aujourd'hui (ni hier, ni demain). Les produits évoluent selon les pressions des conditions de marché. La rapidité et l'astuce de cette évolution les rendent plus ou moins attractifs – et vendables. Il faut comprendre cette évolution produit/marché pour savoir quels aspects des produits changer, pour être dans l'esprit du temps, et quels aspects protéger car c'est pour cela que le client apprécie la marque.
- Le kaizen sur le terrain. Il permet de visualiser concrètement les réclamations qualité et les améliorations des façons de faire, afin de réinjecter ces apprentissages dans la conception produit.
- La capacité de changement du middle-management. En plus d'encourager le kaizen des équipes, l'encadrement intermédiaire sait-il apprendre de ces améliorations par petits pas et en tirer les conséquences pour faire évoluer les procédures de l'entreprise et mieux adapter cette dernière aux conditions du marché ?

- Le travail en équipe du comité exécutif. Ce travail permet de mener de front les évolutions produit que requièrent le marché et l'amélioration des systèmes internes dont ont besoin les collaborateurs de terrain pour bien répondre (facilement) aux requêtes des clients.

L'entreprise est un système, mais pour fonctionner, chaque département et chaque équipe doivent se concentrer sur des objectifs précis. Travailler avec un sensei consiste à partir de cette vision étroite des résultats et à regarder au-delà pour essayer d'appréhender le système dans son ensemble, afin d'aider les équipes à changer leurs priorités, et à avoir un meilleur sens de la collaboration et de leur contribution aux efforts globaux de l'entreprise.

Chapitre 4

À quoi sert vraiment le Système de Production Toyota (TPS) ?

Parmi les nombreux systèmes d'apprentissage développés par Toyota, le Système de Production Toyota demeure central : c'est la base de la pratique du sensei. Le TPS crée les conditions du kaizen, la prochaine étape à franchir, le nouveau défi à relever, les tâches à réaliser différemment de ce que l'on sait déjà faire, tout cela sur le gemba, avec les équipes, en observant en profondeur le travail et en testant les idées sur place. Oui, le TQM est indispensable pour impliquer les managers dans l'amélioration de leurs procédures afin de standardiser les succès du kaizen et de s'assurer qu'ils seront intégrés sans retour en arrière. Oui, le TPDS est au cœur d'une stratégie tirée par le produit et de la conception de produits que les clients achèteront, par le développement de la réflexion et des connaissances des ingénieurs. Oui encore, le hoshin kanri est crucial pour mettre en phase tous les leaders de l'entreprise, des opérations au conseil d'administration, et relever les défis. Mais c'est le TPS qui incarne l'esprit de progrès.

Le Lean, un système d'éducation

Le Lean n'est pas un système de production, mais un système d'éducation. L'acronyme « TPS » est malheureux et trompeur, car il évoque un ensemble de méthodes de production à copier. D'ailleurs, des « anciens » de Toyota nous ont dit qu'ils préféraient l'appeler *thinking people system*[13] (un système de personnes qui pensent). Beaucoup de professionnels croient pouvoir remplacer leurs pratiques actuelles par les « meilleures » pratiques du TPS. Ils ne comprennent pas que le TPS est la somme des solutions trouvées par Toyota face à des obstacles rencontrés. Les ingénieurs du constructeur ont conçu un système d'apprentissage plus qu'un système de pratiques : une façon de découvrir les problèmes et de les résoudre. Le but n'est pas de remplacer votre propre système de production par celui de Toyota (ce qui n'a aucun sens quand on y réfléchit bien), mais d'utiliser le

---

13 M. Ballé, G. Beauvallet, A. Smalley, D. Sobek, « The Thinking Production System », *Reflections*, 7 : 2, 2006.

TPS pour l'améliorer, en enseignant à chacun, partout et chaque jour, une meilleure façon de réfléchir.

Dans ce contexte, le leader et le sensei essayent de révéler le système de production tel qu'il est : quelles instructions donne-t-on ? Comment sont-elles exécutées en pratique ? Avec quels résultats ? En quoi ce qu'on voit diffère-t-il de ce qu'on s'attendait à voir ?

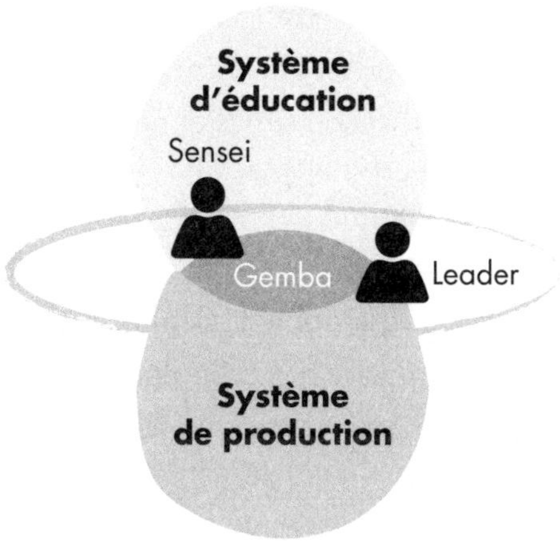

On commence par repérer les gaspillages et en rechercher l'origine en modifiant la façon de faire et en observant de près ce qu'il se passe. En pratique, il s'agit d'inciter chacun à prendre des initiatives sur le terrain. Cette étape est un peu délicate. L'objectif est de se forger une vision « hélicoptère » pour reprendre l'expression de Freddy Ballé, pionnier du Lean en France (de la vue la plus large au plus petit détail), en recherchant à la fois :

- Les problèmes d'*occurrence* : les écarts précis par rapport à ce qui est attendu, pour comprendre quels obstacles concrets empêchent le processus en place de pouvoir être parfaitement répété.
- Les problèmes d'*orientation* : les grandes problématiques qui empêchent le processus existant de remplir son objectif global de croissance. Par exemple, geler des embauches pour respecter le budget, déstocker en fin d'année comptable, organiser la production en séries et ne pas se caler sur la demande réelle des clients mais sur les contraintes internes.

Après avoir résolu les problèmes concrets identifiés, en visualisant mieux les processus, il s'agit de diffuser les changements adoptés dans le reste de l'organisation pour que chacun adapte ses interfaces et ses systèmes, de réfléchir en profondeur à ce que cela implique pour l'entreprise dans son ensemble, de rechercher les innovations possibles et de promouvoir les innovateurs.

En tant que système d'éducation, le TPS est un ensemble de pratiques d'agencement des espaces de travail visant à révéler les problèmes pour que les opérateurs réagissent vite, afin d'éviter les défauts et les retards de livraison, puis réfléchissent plus en profondeur aux causes et aux conditions de ces occurrences.

Voir le système de production tel qu'il est : quelles sont les instructions ? Comment sont-elles exécutées en pratique ? Avec quel résultat ? En quoi ce que l'on voit diffère-t-il de ce que l'on s'attendait à voir ?

↓

Visualiser les processus en utilisant : données de satisfaction client, juste-à-temps, jidoka, *heijunka* (lissage, équilibrage de la production) tâches standardisées, 5S et techniques TPM, pour stimuler la résolution de problèmes et le kaizen, afin de révéler les incidents et obtenir de chacun qu'il réfléchisse à ce qu'il fait.

↓

Rechercher les gaspillages et leurs causes en modifiant les modes opératoires actuels, en observant de près ce qu'il se passe et en incitant chacun à prendre des initiatives sur le terrain.

↓

Partager les changements adoptés dans le reste de l'organisation pour que chacun adapte ses interfaces et systèmes, réfléchir en profondeur aux implications pour l'entreprise dans son ensemble, rechercher les innovations possibles et promouvoir les innovateurs.

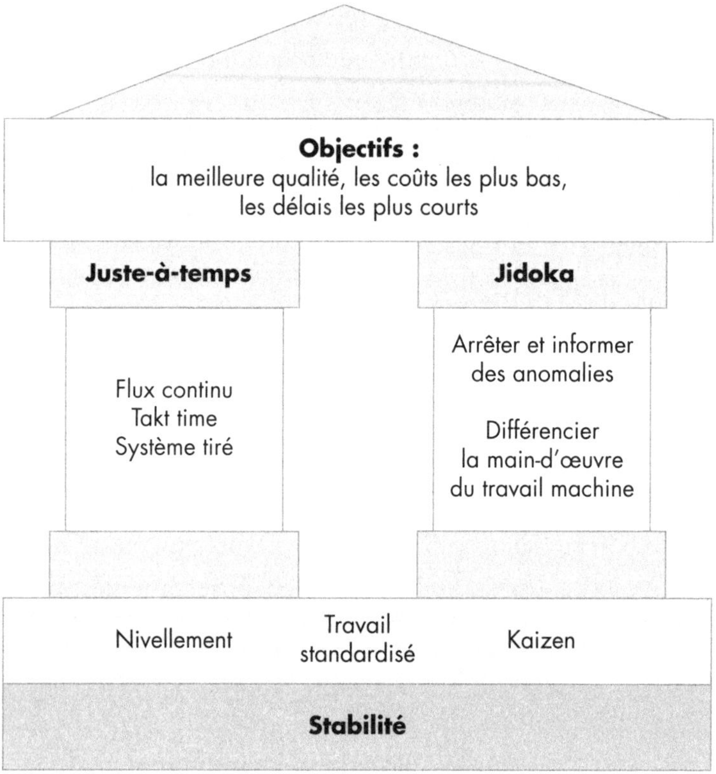

La « Maison » Système de Production Toyota

Source : Glossaire Lean-ILF

Le management visuel, point de départ du Lean

Le management visuel est une pratique centrale du Lean et le domaine d'expertise propre au sensei. Il attire généralement l'attention sur les carences évidentes des conditions de travail pour aider les opérateurs à avoir une meilleure lisibilité de ce qu'ils font à leur poste. Mais le sensei peut aussi utiliser le management visuel pour faire émerger des problématiques plus larges. Par exemple, un sensei a demandé à la direction d'une usine de chariots élévateurs de Toyota de dessiner une carte en format A0 du processus en entourant chaque caisse de stock de composants. À la fin de chaque visite, il cochait les cercles, visualisant ainsi la façon dont l'usine devait apprendre à travailler avec de moins en moins de stocks.

Le 100 % de réussite du premier coup, avec zéro stock, est un outil d'apprentissage qui pousse l'entreprise à explorer en détail ce qu'elle fait et à éclaircir progressivement les zones grises jusqu'à obtenir un niveau de qualité supérieur, pérenne et à faible coût. Le TPS est un ensemble de principes et d'exercices (les outils) qui aide le sensei à réaliser un véritable travail d'observation, de discussion et d'approfondissement de la réflexion en partant du terrain. Il va de soi que plus le sensei est à l'aise avec les outils du Lean, plus son travail est facilité. Mais la maîtrise des outils du Lean n'est pas le seul problème délicat à affronter.

Le TPS n'est pas un savoir, mais un apprentissage. Plus on le pratique, plus on découvre sa dimension systémique et plus on comprend la façon dont les différents principes interagissent. Mais pour comprendre le TPS en profondeur, il faut s'intéresser aux autres systèmes d'apprentissage et à la façon dont ils sont reliés au TPS. Encore une fois, l'objectif n'est pas de tout maîtriser, mais d'avoir la curiosité et l'envie d'en savoir plus.

Par exemple, l'une des grandes pièces du puzzle de la réussite de Toyota est son système de management par la qualité totale. Parti dans les années 1950 d'un contrôle statistique classique associé à une idée originale de système de suggestions, il s'est élargi à la participation de tous les collaborateurs aux cercles de qualité, aux rapports A3 pour les managers et à une variété d'initiatives en faveur de la qualité et du travail d'équipe telles que le *mizenboushi* (prévention) et le *jikoteil kantetsu* (intégration de la qualité dans chaque processus). L'ensemble de ces démarches vise à faire de la qualité l'affaire de chacun et à l'inscrire dans l'ADN de l'entreprise comme ligne de vie.

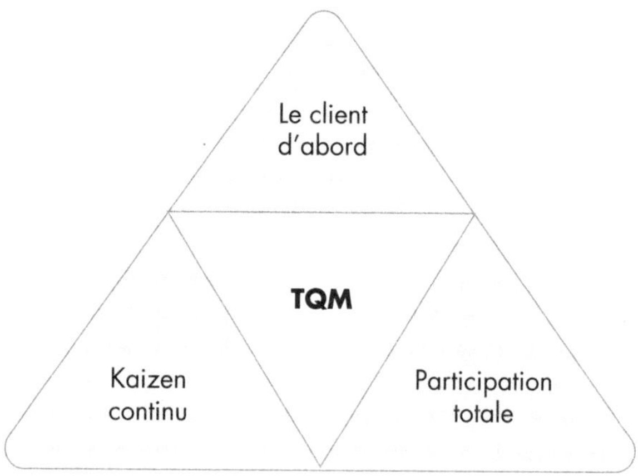

Le système de développement produit est beaucoup moins connu, car Toyota le considère comme un secret de sa compétitivité. Néanmoins, il est possible d'en avoir une idée sommaire à partir des informations que le groupe communique à ses fournisseurs de premier rang[14] :

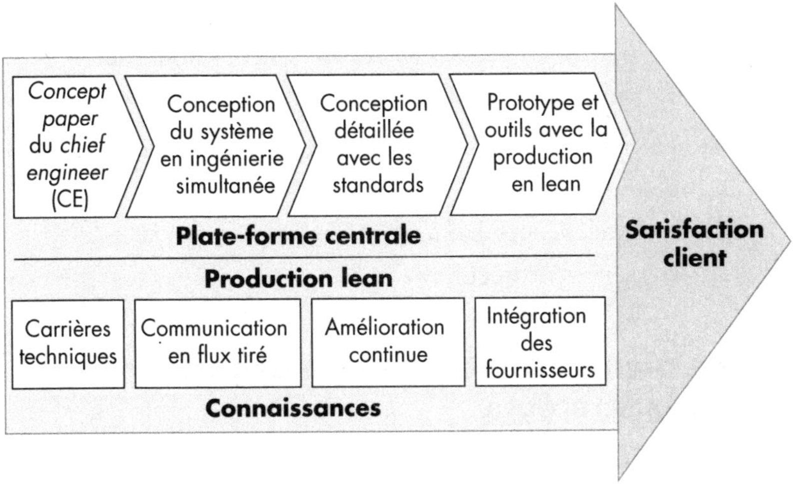

Il n'y a pas plus grand gaspillage que de développer un produit qui ne se vend pas. Le principal problème de l'ingénieur en chef, comme cela est répété sans cesse à Toyota City, est de concevoir la voiture la plus moderne possible qui satisfera au mieux le client, sachant que ses deux premiers critères de choix sont la robustesse (zéro

---

14 F. Ballé, M. Ballé, « Lean Development », *Business Strategy*, LBS, 2005.

problème, valeur élevée à la revente) et le prix. Les gens veulent une voiture séduisante, agréable à conduire en toute sécurité, qui ne tombe jamais en panne et qui soit dans leurs moyens.

La solution de Toyota pour jongler avec ces contraintes est de demander à une personne, l'ingénieur en chef, de concilier :

- *La mise au goût du jour du produit :* quelles nouveautés va-t-on ajouter ?
- *Le respect des standards* de l'entreprise en termes de qualité, de flexibilité (la voiture doit s'insérer dans la ligne de production) et de coûts : que va-t-on conserver tel quel ?

La plan-produit, point de départ de la stratégie

De fait, l'une des forces cachées de Toyota réside dans son savoir-faire en planification. Le plan-produit combine :

- *Un takt time de nouveaux modèles pour chaque segment du marché.* Par exemple, la Corolla (Auris en Europe), commercialisée en 1966, en est à sa douzième génération ; un nouveau modèle est présenté tous les quatre ans. Chacun obéit au même concept depuis l'origine, en l'occurrence : « Une voiture familiale abordable dotée de quelques caractéristiques luxueuses. » Chaque nouveau modèle doit obtenir un taux de 80 % de performance sur une liste de critères (les basiques pour être compétitif) et un « alpha plus » de 90 % sur quelques points clés (pour se différencier).

- *Un mix de produits proposés dans chaque région.* Celui-ci est programmé de sorte que 20 % des modèles qui le composent couvrent 80 % de la demande de la région : ce qui est commercialisé localement est un échantillon de l'ensemble des produits, types et options proposés.
- *Un mix de produits par usine.* Toyota souhaite placer la production au plus près de ses marchés, mais jongle aussi avec un renouvellement rapide et flexible des produits. Les usines « mères » au Japon peuvent gérer jusqu'à huit modèles différents sur la même ligne de production. Les usines « filles » dans le reste du monde apprennent lentement à être flexibles, l'accent étant mis sur la qualité. Comme pour le mix régional, le volume attribué aux usines les moins flexibles correspond au minimum de ventes attendues. Si les ventes dépassent la capacité de production, l'excédent de demande est pris en charge par les usines flexibles au Japon où la loi des grands nombres lisse les pics et les creux.

- *Une réduction de la complexité des produits.* Cette équation à plusieurs dimensions peut rapidement déraper, c'est pourquoi le constructeur cherche en permanence, et partout où cela est possible, à réduire la complexité en utilisant les mêmes designs, pièces et fournisseurs sur plusieurs modèles de voiture. Cela a pour conséquence, par exemple, de proposer en série des options très demandées comme l'air conditionné et d'éliminer celles qui le sont peu, comme les cendriers.

Le développement de chaque nouveau modèle, issu de cette planification rigoureuse, s'accompagne d'objectifs d'échelle, de volume et de coût. Il est ensuite confié à un ingénieur en chef qui, à la manière d'un créateur de mode, a la responsabilité de tous les arbitrages jusqu'à la commercialisation de la voiture, sans avoir pour autant d'autorité hiérarchique sur les départements fonctionnels. Le TPDS succède à la planification produit à l'étape du *concept paper* dans lequel l'ingénieur en chef explique comment, en réponse au défi posé par la planification, il entend faire un succès de son projet de voiture.

Une fois encore, ni le leader ni le sensei n'ont à connaître tout cela en détail, mais il est important de comprendre que les anciens senseis de Toyota travaillaient dans un environnement nourri de ces différents éléments, ce qui déterminait en partie leur façon d'interpréter le TPS. Aujourd'hui, même si nous n'avons clairement pas besoin de tout savoir, cela ne doit pas nous dispenser de regarder au-delà du TPS pour apprendre les autres facettes qui font l'originalité du Lean chez Toyota.

Comprendre les coûts totaux pour chercher la rentabilité globale

Les PDG et leurs équipes s'intéressent de près à la rentabilité globale de leur entreprise. La précision opérationnelle est certes un élément clé de l'efficacité mais, sans lien avec la stratégie générale, le Lean n'aura pas d'impact sur la rentabilité globale de l'entreprise. Avoir une vue panoramique, cela signifie relier l'augmentation de la satisfaction client (elle commence par une meilleure planification produit) à de meilleurs produits (soit, développer des fonctionnalités utiles à un prix raisonnable), à partir de processus opérationnels améliorés (TPS et TQM) et de liens resserrés avec les fournisseurs et partenaires technologiques.

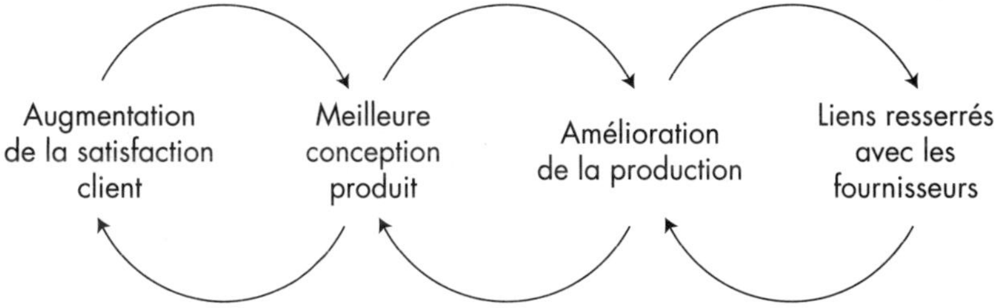

Le but n'est pas de résoudre un problème particulier ou d'améliorer un processus, mais de montrer comment mettre en place les conditions du kaizen et d'une résolution systématique des problèmes afin d'engager l'entreprise sur la voie d'une meilleure compétitivité. La connaissance des concepts et des techniques du Lean constitue une base indispensable, mais l'étape suivante exige de savoir :

1. *Reconnaître les problèmes intéressants :* décortiquer les problèmes opérationnels à impact stratégique.
2. *Travailler avec des cadres dirigeants :* comprendre le langage et la vision des dirigeants.
3. *Mener les observations et les discussions sur le lieu de travail :* la confrontation de l'encadrement et des opérateurs à leur poste de travail est socialement délicate et doit être gérée avec doigté.
4. *Choisir les problèmes correspondant aux pas suivants :* aider les dirigeants et les managers à enrichir leur compréhension en résolvant des problèmes significatifs, ni superficiels ni trop éloignés de leurs préoccupations.
5. *Développer le management visuel :* diffuser les techniques nécessaires pour rendre le travail visuellement intuitif et révéler les problèmes susceptibles d'être résolus sur place, en autonomie et au quotidien.

Connaître le TPS sur le bout des doigts n'est pas un but en soi, mais un point de départ. Personne ne comprend le TPS dans toutes ses subtilités, parce qu'il s'agit d'un système dont toutes les composantes interagissent. Par exemple, augmenter la tension du juste-à-temps n'a pas de sens sans le jidoka pour repérer les problèmes au moment où ils surgissent. Le jidoka lui-même n'a pas de sens sans opérateurs confiants dans leurs standards (façons de faire habituelles) et disposés à adopter le kaizen (rechercher de meilleures façons de faire) ; et rien de cela ne se produira sans un certain degré de stabilité qui suppose la culture « 4M » de résolution de problème : main-d'œuvre stable, machines stables, matériaux et composants stables, méthodes stables, etc.

Le TPS est un point de départ parce que son application rigoureuse fait naître l'énergie nécessaire à la recherche d'améliorations. L'utilisation des techniques du Lean par les managers occidentaux pour améliorer la productivité ou réduire les stocks a été comparée par l'ancien sensei M. Oba à la création « d'une image du Bouddha en oubliant de lui insuffler une âme[15] ». L'âme du TPS est l'esprit du kaizen : aucun processus ne sera jamais parfait, c'est pourquoi nous devons en permanence chercher à mieux faire et faire confiance

15 N. Shirouzu, S. Moffett, « As Toyota Closes in on GM, Quality Concerns Also Grow », *The Wall Street Journal*, 4 août 2004.

aux talents et à la passion des personnes pour tester d'autres choses.

Comme le rappelle Joe Lee, le sensei de Toyota à Taïwan, « le sensei doit conserver un état d'esprit de débutant » et toujours se souvenir, à la manière de l'aveugle devant l'éléphant, que les parties (trompe, défenses, oreilles, ventre, pieds et queue) ne font pas le tout. Par conséquent, notre objectif est d'étudier en continu le TPS et de comprendre comment cette approche mène aux autres systèmes d'apprentissage tels le hoshin kanri, le TQM ou le TPDS. Le TPS n'est ni une finalité ni une solution à tout : il est le fondement des compétences du sensei. Afin de développer la réflexion et la compréhension des personnes sur le gemba, le sensei travaille sans relâche sa propre maîtrise du TPS. Pour être un bon enseignant, il faut d'abord être un bon apprenant.

Points clés

Le Système de Production Toyota est une méthode, un système, pour créer les conditions de la participation volontaire dans le kaizen de tous, tous les jours.

Les leaders de toute entreprise apprennent à gérer un système établi dans la tradition du management moderne, qui repose sur les éléments suivants :

- *Marketing et innovation.* Découvrir, par des enquêtes et pilotes, de nouveaux besoins ou segments, puis les concevoir en ingénierie en s'appuyant sur les avancées technologiques en cours, et organiser les campagnes d'image, de publicité et de promotion pour les faire adopter par le marché.
- *Financement des investissements.* Financer sur les marchés les investissements nécessaires pour soutenir la croissance. Cela implique de sécuriser les sources de financement (gestion du cash, accès aux banques et aux marchés financiers, valorisation de l'entreprise par des démonstrations de croissance et de rentabilité) et de prendre des décisions d'investissement – où l'entreprise doit-elle se doter de moyens pour continuer à se développer ?

- *Budgets et opérations.* En interne, les leaders décident également de l'organigramme et de la répartition des budgets pour le fonctionnement opérationnel de l'entreprise au quotidien. Ces budgets allouent les coûts totaux à des centres de coûts qui permettent d'évaluer ce qui rapporte et ce qui coûte afin de manager les coûts d'ensemble de l'activité. Chaque opération doit justifier de son budget et de sa contribution au plan budgétaire.
- *Promotions et rémunérations.* L'organigramme se traduit par des personnes (chefs de service) et des expertises (plus ou moins de tels ou de tels spécialistes). Les leaders décident au quotidien qui embaucher, qui promouvoir et qui licencier pour soutenir le dynamisme de l'entreprise. Cela suppose également de définir les objectifs opérationnels et les conditions de rémunération des différents rôles.
- *Gestion des crises et mutations.* Toute entreprise dans des marchés turbulents rencontre des crises que les dirigeants doivent gérer dans l'instant et auxquelles ils doivent apporter des réponses. Cela va d'actions

tactiques à très court terme à de véritables programmes de transformation lorsque la crise révèle un changement fondamental du marché (comme, par exemple, les changements de réglementation qui impactent les produits ou les services).

Ces cinq éléments constituent un système qui bien souvent est traité en éléments séparés, structurés par l'organisation elle-même, divisée en silos fonctionnels. Le TPS, en revanche, ne concerne pas l'organisation de l'entreprise, mais la création de conditions d'implication volontaire de chaque personne dans le kaizen. C'est un système d'amélioration continue de l'entreprise, pas un mode d'organisation fonctionnelle. La vision que porte le TPS est donc très différente :

- *Continuité de la satisfaction des clients.* Maintenir et améliorer la satisfaction des clients pour faire croître sans arrêt le fonds de commerce de clients engagés qui continuent d'acheter et promeuvent l'entreprise autour d'eux, par un travail constant sur l'analyse de la valeur (amélioration en sécurité, qualité, coûts, délais) des produits actuellement en production, menant à l'ingénierie de la valeur (amélioration en sécurité, qualité, coûts, délais) des produits en conception.

- *Arrêt au défaut.* Ne pas laisser le mauvais travail se répandre dans la chaîne de la valeur, en donnant aux personnes et aux machines les moyens de signaler les problèmes, d'arrêter la chaîne de production et de réagir immédiatement. Cette idée conduit à une automatisation intelligente selon laquelle on programme les équipements et les machines pour avoir un jugement sur la qualité de ce qu'elles produisent et des autodiagnostics sur leur propre fonctionnement, et pour progressivement rendre le travail humain indépendant de celui des machines (éviter aux humains de perdre du temps à surveiller les machines).
- *Juste-à-temps.* Ne produire que ce qui est nécessaire, au moment voulu et en quantité voulue, ce qui en pratique vient à révéler chaque problème de production afin de le résoudre et d'améliorer la production de valeur. Le mécanisme de flux tiré – le travail n'est réalisé que lorsqu'il est « requis » par l'aval – favorise une capillarité de la valeur tout au long du tissu de sous-traitance et

permet de voir en temps réel où sont les difficultés et si les ressources sont placées au bon endroit.

- *Engagement de tous dans la formulation de standards et le kaizen.* Obtenir la participation volontaire de chaque employé dans l'amélioration de la qualité et la réduction des coûts en les encourageant à étendre la connaissance de leur métier (sous la forme de « standards ») et procéder à l'amélioration continue du travail, un sujet après l'autre. Cette implication volontaire se traduit par le soin apporté à la réalisation des tâches quotidiennes, des suggestions d'améliorations et des cercles de qualité pour améliorer le travail en équipe.
- *Développer la confiance mutuelle entre management et employés.* En définissant mieux les équipes et en leur donnant les moyens de leur autonomie (essentiellement par du management visuel), en formant tout le monde à la résolution de problèmes et en s'assurant que les systèmes internes de l'entreprise fonctionnent au profit des collaborateurs de terrain plutôt que de leur mettre des bâtons dans les roues. Cela implique

le développement du travail en équipe (au sein des équipes autour des teams leaders et entre équipes) par de meilleures relations client-fournisseur interne, et tout au long des lignes hiérarchiques en transformant la chaîne de commandement en une chaîne d'aide.

Ces deux systèmes reflètent des perspectives radicalement différentes de l'entreprise (l'une n'invalide pas l'autre, elles sont simplement différentes). Le leader lean doit donc apprendre le système lean de toutes pièces avec le sensei et construire, au-delà du système existant de management, un véritable système d'éducation.

Chapitre 5

Qu'est-ce qu'une visite de gemba réussie ?

Une visite axée sur l'exploration

Sensei et leader lean travaillent essentiellement à partir de « visites de gemba » : emmener les managers sur le lieu de travail et discuter *in situ* des liens entre la stratégie de l'entreprise et les opérations concrètes. Comment la simple présence des managers sur le terrain améliore-t-elle la compétitivité ? La question mérite d'être posée parce que… cela dépend. L'échec du *management by walking around* nous a montré que la présence du chef d'entreprise sur le terrain est à double tranchant : elle peut faciliter, comme elle peut inhiber. La réussite repose sur un équilibre entre exécution et exploration. Le management est obnubilé par l'exécution, le rôle du sensei est de mettre l'accent sur l'exploration. C'est ce qui rend les visites de gemba réussies à la fois très enrichissantes et très stressantes. Les managers attendent des solutions immédiates à leurs problèmes d'exécution. Le sensei sait que la solution ne viendra pas du problème tel qu'il est posé. Il pousse donc l'exploration au-delà des évidences. Le problème classique des neuf points ci-dessous l'illustre très bien.

Tentez de relier les neuf points en quatre traits seulement.

Comme chacun sait, la seule façon d'y parvenir est de sortir mentalement du cadre imposé par les neuf points.

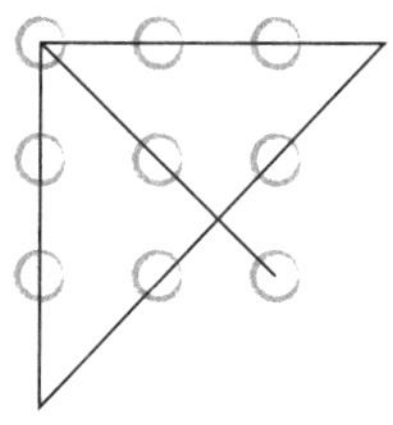

Un sensei aide le manager à se détacher de son problème d'exécution immédiat, pour voir si la clé ne se trouverait pas ailleurs, en regardant la situation sous un autre angle qui lui échappe sur le moment. En effet, ce nouvel angle de vue n'est visible que dans un champ de vision plus large ou plus resserré.

La visite de gemba améliore la compétitivité de l'entreprise : 1) en lui apportant une compréhension approfondie de ses défis ; 2) en intensifiant la collaboration verticale, entre dirigeants et collaborateurs, et horizontale, entre les différentes fonctions.

L'objectif des visites de gemba n'est pas de trouver une solution ou de prendre des mesures immédiates, mais de contribuer à un diagnostic partagé des problèmes rencontrés. Ce qui implique :

1. *L'observation* des situations précises où les choses ne se passent pas comme prévu, en écoutant les personnes qui exécutent les tâches à valeur ajoutée.
2. *La discussion* sur l'interprétation de ces difficultés, à la fois dans le détail opérationnel et au niveau stratégique de l'entreprise en termes de marchés, clients, concurrents et réseaux de fournisseurs.
3. *L'engagement* dans la résolution de problèmes en vue d'approfondir l'investigation (pas pour régler le problème, mais pour prendre le temps de lancer une recherche afin que chacun comprenne mieux ce qui se passe), selon l'hypothèse que si les gens comprennent mieux ce qu'ils font, ils le font mieux à tous les niveaux.

Identifier le projet d'apprentissage : la pensée « hélicoptère »

Chaque visite de gemba débouche sur un projet d'apprentissage qui enrichit la compréhension que chacun a de son travail, de l'opérateur au PDG. Elle est réussie quand le sensei identifie LE projet d'apprentissage qui mènera à une expérience transformatrice. Par exemple, la réorganisation de l'approvisionnement en pièces détachées du service de maintenance d'une entreprise a débouché sur la création d'une plate-forme accessible à tout le secteur (les concurrents s'y fournissent directement parce que le processus est plus rapide que leur circuit interne), ce qui a radicalement modifié le positionnement concurrentiel de la société. Par la suite, un débat sur le digital a été engagé. Ce débat a conduit l'entreprise à développer une application et des compétences en analyse de données à l'intention de ses clients qui ont aussitôt adhéré au service. Même si le sensei n'était pas un spécialiste de la révolution digitale, il en comprenait l'importance et a mis l'entreprise au défi de devenir « l'Amazon des pièces détachées ». L'apprentissage de l'entreprise a fait émerger un nouvel ensemble de questions et lui a montré le potentiel d'une transformation digitale complète (notamment dans ses relations avec les sous-traitants pour gérer les variations de la demande) dans un secteur qui se prêtait mal à première vue à une telle évolution.

Le principal outil du sensei est la pensée « hélicoptère » : entamer la discussion sur des aspects opérationnels très pointus (souvent là où les choses ne se passent pas comme prévu), puis prendre de la hauteur pour se rendre compte des incidences stratégiques de ce qu'on a observé sur le terrain et redescendre ensuite au point concret du pas suivant. La qualité d'un sensei se mesure à sa capacité à observer les choses dans le moindre détail (repérer « le gaspillage d'une seconde »), tout en ayant l'intelligence du niveau stratégique de l'activité (ce qui était une évidence pour les premiers senseis totalement impliqués dans leur secteur, ce qui est loin d'être le cas aujourd'hui).

Le bon sensei sait identifier des expériences qui transforment et développent les personnes. Il sait aussi les accompagner face aux obstacles rencontrés. Cela n'est ni simple ni facile. Le sensei rencontrera au moins cinq difficultés qu'il ne pourra surmonter qu'en s'astreignant à des exercices d'autoapprentissage :

1. *Identifier le bon défi.* Les lieux de travail sont complexes et déroutants et chacun est habitué à sa propre façon de faire. Le sensei doit repérer et indiquer les « bons » problèmes concrets, ceux qui ont une incidence stratégique.

2. *Rendre le défi pertinent pour les dirigeants.* Le pouvoir d'orientation des dirigeants est incontournable. Leur attitude est déterminante dans le succès ou non de la visite de gemba. Le sensei doit donc rendre celle-ci pertinente pour les décisionnaires ainsi que susciter et entretenir leur curiosité.
3. *Bousculer de façon productive, mais aussi sécurisante.* Les visites de gemba sont par nature dérangeantes, car montrer du doigt des problèmes en présence à la fois des opérateurs et des dirigeants met tout le monde sur la défensive. Les PDG craignent de ne pas avoir de réponse, les opérateurs ont peur de ce qui peut leur arriver s'ils disent la vérité, les cadres intermédiaires ont peur de tout et se défendent systématiquement. Le sensei doit créer un espace sécurisant dans lequel les problèmes seront résolus et où chacun aura le sentiment d'apprendre quelque chose d'utile.
4. *Poser des questions ouvertes susceptibles de déboucher sur des améliorations concrètes.* Pour explorer des problèmes auxquels ils n'ont pas de réponse, les managers ont besoin d'être motivés et d'avoir un espace de réflexion. Si le problème leur semble trop difficile ou trop éloigné de leurs préoccupations, ils passeront outre. Si le problème semble trop familier, ils le traiteront de façon routinière. Le sensei

doit formuler un problème concret qui aidera les équipes à se développer sans se sentir dépassées et qui les poussera à l'étape suivante.

5. *Rendre les choses visibles.* Les suggestions d'amélioration du management visuel permettent au sensei de contribuer directement à la clarté de l'environnement de travail.

Aucun de ces problèmes n'est simple et, compte tenu de la nature humaine, les visites de gemba sont souvent intenses et émotionnellement fortes : personne ne les réussit à 100 %. Trop de tension, les gens s'énervent et se ferment ; pas assez, ils n'en voient pas la pertinence et font le dos rond. Toutefois, l'engagement à « apprendre en faisant » demeure central : « Si vous ne tentez rien, aucun savoir ne vous rendra visite », répétait le sensei d'Art Byrne.

Être crédible sur le gemba aux yeux tant des dirigeants que des opérateurs n'est pas aisé. Les bons senseis ont-ils une formule magique, un secret à connaître pour le devenir à son tour ? Oui. C'est le secret des grands professeurs : rester soi-même un bon apprenant.

Le secret du sensei lean est identique à celui des enseignants : explorer son domaine avant de convaincre autrui de faire de même. Au-delà d'une bonne compréhension des principes et des outils du Lean, le sensei doit maîtriser la situation sur le gemba où convergent dirigeants, encadrement, opérateurs et autres contributeurs de valeur ajoutée. L'organisation sociale de nos entreprises tend à isoler les personnes les unes des autres. Le succès d'une visite de gemba dépend de la capacité du sensei à susciter un travail d'équipe en partant des bonnes questions et d'une attitude positive pour stimuler l'apprentissage collectif. Quel type de projets personnels un leader lean devrait-il se fixer pour devenir un meilleur sensei ?

Points clés

En tant que leader, quand on passe du temps sur le terrain à observer et à discuter du détail des problèmes que les gens rencontrent, on finit par accepter que :

- *L'encadrement intermédiaire globalise les sujets.* Le reporting amalgame tous les sujets selon la structure des données et les middle-managers donnent des explications types plutôt que d'entrer dans le détail des causes, ce qui oriente vers des solutions marteau-pilon qui, le plus souvent, ratent le coche.
- *Tout le monde se tait dès que le dirigeant s'exprime.* Une fois que le plus gradé

s'exprime, plus personne ne parle. Une fois qu'on sait ce que le plus gradé pense, plus personne n'offre d'opinion contraire, particulièrement si le chef montre aux autres qu'ils ont tort. Aussi, dès qu'un leader donne son opinion, il ne saura jamais ce que ses collaborateurs pensent vraiment ou voient de leur point de vue.

- *Les managers s'approprient les résultats des équipes* – sans toujours les comprendre. Quand une équipe résout un problème ou trouve une meilleure façon de faire qui a des résultats visibles, l'encadrement intermédiaire lui en donne rarement le crédit et bien souvent ne sait pas expliquer spécifiquement les changements qui ont permis l'amélioration.

Bien entendu, ces constatations sont difficiles à accepter, bien qu'elles ne soient pas franchement surprenantes. En revenant sans cesse sur le détail des problèmes, le sensei attire l'attention sur les conditions spécifiques et les changements de pratique. Réussir un gemba pour le dirigeant signifie : 1) apprendre quelque chose qu'il ne savait pas sur les comportements des clients ou la nature du travail ; 2) encourager les équipes dans leurs efforts d'amélioration, en reconnaissant leurs intuitions, analyses et initiatives.

Quand on est un leader, la nature même du pouvoir rend l'illusion de « je sais tout, je décide de tout » très puissante. De fait, c'est ce que tout le monde pense. Mais lorsqu'on devient un leader, peu de gens osent vous contredire et il est facile de les faire taire, même sans en avoir l'intention. L'apprentissage difficile du gemba est tout d'abord de se taire et, plus encore, de savoir avoir tort.

Le leader lean va sur le terrain pour obtenir la participation volontaire de tous à l'amélioration de la qualité et à la réduction des coûts globaux. Pour y parvenir, il doit créer les conditions d'un travail en équipe, de l'apprentissage et de la clarification des challenges. Les visites de terrain s'y prêtent particulièrement bien mais elles nécessitent de changer d'attitude et d'apprendre à :

- S'intéresser au détail du travail et accepter que deux situations similaires soient rarement les mêmes en réalité.
- Ne pas avoir d'autre opinion sur ce que les gens disent que : « Je comprends ou je ne comprends pas. »
- Trouver autant d'occasions que possible d'approuver les équipes de manière à pouvoir les challenger sur des zones d'ombre sans pour autant les décourager.

Chapitre 6

Cinq questions à se poser pour rester apprenant

Le point de départ évident du travail de leader lean est l'approfondissement du TPS et des autres méthodes de Toyota. Que signifient les termes selon les contextes ? Comment franchir les étapes selon les conditions du moment : 1) tirer le flux logistique pour nettoyer la vitre ; 2) mieux détecter les problèmes de qualité pour les résoudre sur-le-champ ; 3) demander à chacun de vérifier ses procédures pour renforcer les standards ; 4) impliquer chacun dans un projet d'amélioration et d'élimination des gaspillages. Le TPS est le gemba fondamental de tout sensei, et sa compréhension peut être approfondie chaque jour, partout.

Le sensei s'attache d'abord (1) à comprendre l'évolution des préférences des clients selon le changement de leurs modes de vie (valeur), puis (2) à résoudre les problèmes posés par les produits en cours de production (analyse de la valeur), ce qui le conduira ensuite (3) à comprendre ce qui doit être amélioré au stade de l'ingénierie (ingénierie de la valeur) et enfin (4) à déterminer les investissements en capacité et les savoir-faire essentiels pour innover. En tant que sensei, il est important d'accepter que ces sujets soient aussi difficiles pour soi que pour les personnes qu'on cherche à aider. Le reconnaître (au lieu de se poser en expert supérieur) est la clé pour créer les conditions d'une expérience d'apprentissage collective par un partage de la responsabilité des problèmes rencontrés.

Pour s'améliorer, visite de gemba après visite de gemba, le sensei doit apprendre autant qu'il enseigne. Son travail nécessite des compétences spécifiques (sur lesquelles il sera particulièrement attendu) qu'il améliorera par une pratique réfléchie, tout en affinant un style personnel.

Reconnaître le syndrome profond à ses signes et symptômes

Le sensei recherche des problèmes qui peuvent être une source d'enseignement : des sujets concrets qui s'avéreront stratégiques pour l'entreprise. Son travail est de transformer une préoccupation vague en problématique claire, exprimée par un écart au standard. Faute de boule de cristal, un aspect clé de son rôle est de reconnaître les signes de problèmes sous-jacents.

Pour explorer une question, il faut bien commencer quelque part. Il ne s'agit pas d'un simple exercice d'observation, mais de jouer mentalement avec une situation, jusqu'à l'identification d'un problème. La pensée « hélicoptère » consiste à observer une situation de haut, puis à redescendre pour entrer dans le détail des tâches.

Voir d'en haut revient essentiellement à comprendre comment l'entreprise gagne de l'argent. On ne se trompera jamais en posant les questions suivantes : qui sont les clients ? Quel est le montant du panier moyen ?

Et en répondant à la question « Comment gagnent-ils de l'argent ? » en suivant la séquence :

Comment financent-ils leurs actifs ? → Combien de personnes s'occupent-elles de satisfaire le client, à quel coût ? → Comment utilisent-ils leurs produits et leurs partenaires ?

Par exemple, si vous êtes assis dans un café quasi désert à une heure creuse de la journée et que deux serveurs bavardent au lieu de venir prendre votre commande, vous pouvez en déduire que le verre de vin qui vous sera servi est hors de prix. Quand la productivité des actifs et du travail est médiocre, la seule façon de s'en sortir est de se rabattre sur celle des produits. Ce n'est pas une conclusion, mais un point de départ. (Ne vous lancez pas dans cette analyse chez vous, car vous vous interrogeriez sur la qualité du vin, puis le jugeriez à l'aune de ce que vous estimez être un bon vin, votre standard, et seriez forcément déçu.)

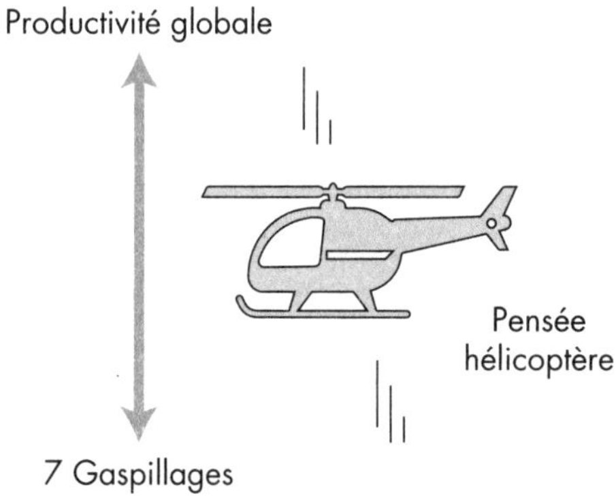

Taiichi Ohno a dit : « Comme les tours de magie, le lieu de travail a un secret. Je vais vous le révéler. Pour vous débarrasser du muda, vous devez cultiver la capacité de le voir et réfléchir à la façon de vous en débarrasser. Refaites cela, chaque jour, partout, sans relâche[18]. »

Les sept gaspillages bien connus sont en toutes circonstances les symptômes typiques de problèmes plus profonds. Quelle que soit l'activité, ils orientent votre regard selon les principes de Taiichi Ohno. Ils vous apprennent à examiner en détail n'importe quel processus. Ils ne manquent jamais de révéler des problèmes sous-jacents plus importants qui doivent être réglés.

18 S. Hino, *Inside The Mind of Toyota*, New York, Productivity Press, 2006.

1. *La surproduction révèle un manque de flexibilité.* Produire plus vite que la demande des clients résulte d'une production par lots. On fait des séries parce que c'est plus pratique, car il est difficile de passer d'un type de travail à un autre. Les dirigeants estiment parfaitement logique et normal de : 1) grouper la demande afin que les machines fonctionnent à plein régime ; 2) l'orienter là où le travail est meilleur marché. Il en résulte des lots inutiles qui sont ensuite répartis géographiquement. Cela signifie aussi que chaque segment du processus travaille en amont de la véritable demande du consommateur. Les stocks s'accumulent et contiennent parfois des pièces défectueuses ou obsolètes.
2. *Les rebuts sont le symptôme d'une méconnaissance des matériaux, des composants et du processus à l'étape de la conception.* Livrer des composants défectueux ou devoir les reprendre résulte de lacunes dans la compréhension des étapes nécessaires à une bonne exécution. Très souvent, cela signifie qu'un paramètre est trop proche de sa limite de tolérance et que des événements aléatoires poussent le processus au-delà de sa limite, créant un défaut. L'examen des rebuts révèle des lacunes dans la compréhension fondamentale de la conception des produits ou du processus.

3. *L'attente est le symptôme d'à-coups et d'une méconnaissance du takt time.* De nombreuses opérations ressemblent à l'armée de grand-papa : courir, attendre, courir, attendre. Ces à-coups sont le symptôme de check-points autoritaires (vous n'avancez qu'à mon ordre) et de séries (puis avancez en groupe), révélateurs de l'absence de takt time. Lorsque le takt time est clair, les directives sont inutiles parce que chacun sait quand livrer quoi et s'organise pour faire le nécessaire. L'attente est le syndrome d'un patron qui contrôle à son gré, qui fait quoi, quand et où, sans tenir compte de la demande du consommateur.
4. *La manutention révèle la présence de vastes stocks organisés par spécialité.* Dans tout processus, le travail est découpé en plusieurs tâches distinctes réalisées dans des ateliers spécialisés. Les produits en cours sont déplacés d'un endroit à l'autre, de même que les dossiers sont déplacés d'un bureau à l'autre. Le texte que vous êtes en train de lire est passé entre les mains de plusieurs auteurs, ensuite il a été envoyé à l'éditeur et à ses correcteurs, puis il est retourné chez les auteurs, avant d'être publié et distribué. La manutention étant une activité ingrate, on déplace les éléments en série pour en limiter le coût. Même pour un produit immatériel, un fichier Word par exemple, le réflexe est d'attendre que l'étape soit achevée avant de passer à la suivante parce que c'est

plus facile à organiser, mais prend pourtant bien plus de temps.

5. *Les mouvements des opérateurs indiquent qu'ils ne se sont pas approprié leur espace de travail.* « Le mouvement des pieds, des mains et des yeux » est une des premières choses à apprendre pour regarder en Lean, car il est révélateur d'un environnement de travail qui n'a pas été organisé pour rendre fluide et sans heurt le cycle de tâches standards, comme les opérateurs le feraient s'ils s'en sentaient responsables.
6. *Des traitements et procédés inutiles sont le symptôme d'une incompréhension de ce qui est indispensable à la qualité.* Apprendre à jouer un morceau de musique est une chose, l'interpréter en est une autre. Sans une compréhension des subtilités qui font la différence entre un travail et du bon travail, le risque est de travailler excessivement certains aspects et de négliger d'autres plus importants, ce qui entraîne des retouches et donc du travail inutile. Un excès d'opérations signifie qu'on prête trop d'attention à des aspects marginaux pour le produit fini avec le risque de manquer ce qui concourt véritablement à la qualité : une dérive courante dans les environnements bureaucratiques où la lettre du contrôle qualité l'emporte sur l'esprit.

7. *Les stocks signalent une incompréhension de l'importance des relations avec les fournisseurs.* On garde des composants sous la main parce qu'on doute que les fournisseurs soient capables de livrer rapidement ce dont on a besoin quand on en a besoin. Il faut alors stocker et l'accumulation fausse la véritable demande des consommateurs. La règle devient : demande = demande réelle – stock tampon + stock sécurité. Une recette assurée pour créer un énorme mura (variation de la demande), du muri en surchargeant le fournisseur par de brusques pics de demande et au final du muda dans les stocks.

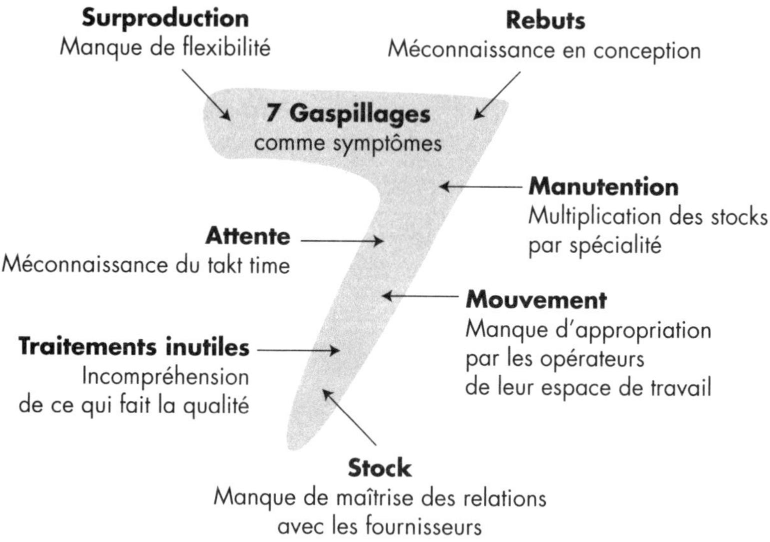

Chacun de ces sept gaspillages est le symptôme de pratiques qui paraissent parfaitement normales aux managers financiers, mais qui entraînent de mauvaises performances au niveau global du système, ce dont la plupart des managers des entreprises bureaucratisées, spécialisées et taylorisées, ne se rendent pas compte.

Un « bon » sujet est un problème, souvent de gaspillage, engendré par une pratique que tout le monde trouve normale, voire correcte. Par exemple, 1 % de rebut dans n'importe quel processus engendre 10 000 pièces défectueuses par million ; c'est le symptôme qu'au moins un produit ou une contrainte de l'ingénierie n'est pas parfaitement maîtrisé. Chacun dans l'entreprise s'accordera sur le fait : 1) qu'un des processus est trop proche de ses limites physiques de tolérance, mais que nous (ni personne) ne savons comment faire mieux ; 2) c'est pourquoi, cette variabilité normale provoque quelques défauts que nous éliminons à l'inspection ; 3) une poignée de produits défectueux iront chez le consommateur, un coût inhérent à toute activité économique.

L'une des intuitions fondamentales du Lean est que les principaux coûts sont communs à toutes les activités (coûts des machines, du recrutement, des achats de matériaux, etc.), mais que des sources de compétitivité sont accessibles dans la couche de coûts inutiles créée par nos idées fausses – les croyances erronées qui nous empêchent de bien travailler avec les personnes, les actifs et les matériaux et qui, par conséquent, engendrent du gaspillage.

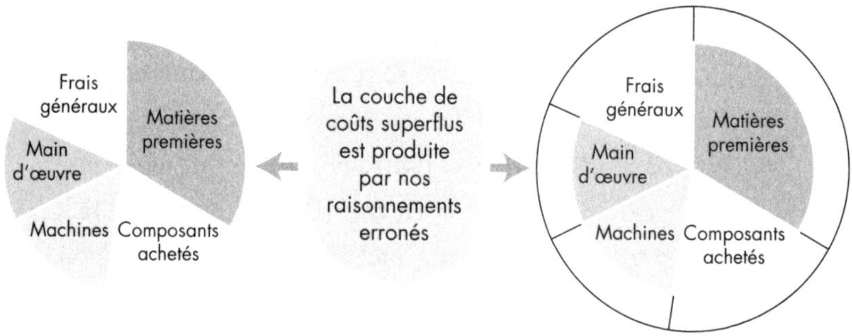

Un raisonnement erroné est un raisonnement qui produit une idée mauvaise et coûteuse, alors que les personnes sont persuadées que leur mode opératoire est parfaitement normal et correct. Quand elles s'en rendent compte, elles cherchent en général à y remédier et à se corriger. Mais les convictions sont très ancrées : si une erreur est communément admise, il sera difficile de la rendre visible aux intéressés.

Pour définir le problème qui servira d'apprentissage, il faut d'abord comprendre pourquoi il n'est pas perçu comme un problème. Les êtres humains tendent en général à remédier aux erreurs qu'ils détectent. Mais il arrive souvent qu'ils s'habituent à des situations toxiques ou dysfonctionnelles, voire insensées, simplement parce qu'ils ne font pas le lien entre le symptôme et le problème global. Il en est ainsi, par exemple, du lien entre la consommation de carburant en prenant sa voiture ou l'avion et le réchauffement climatique lié à l'activité humaine. Le phénomène d'accoutumance (effacement de la conscience des signaux fréquents à basse intensité) garantit que les êtres humains s'habituent à peu près à tout, aussi absurde que cela puisse paraître. Au-delà des signes (évidence que quelque chose ne va pas), quel est le symptôme (répétition de signes pouvant signaler des problèmes structurels plus profonds), puis le syndrome (idées fausses communément admises) ?

Un syndrome est une idée partagée que chacun va considérer comme naturelle, juste, voire bonne, alors qu'il s'agit en réalité d'une erreur. Un syndrome est la croyance que la qualité a un coût naturel, inhérent à toute activité économique ; en chercher l'origine ne vaut pas la peine, parce qu'on fait déjà de notre mieux : le problème serait trop coûteux à résoudre. Un autre exemple de syndrome est l'idée qu'il est inutile de former les collaborateurs, car un jour ils s'en iront (le dirigeant : « Si je forme des gens et qu'ils s'en vont ? » ; le sensei : « Si vous ne les formez pas et qu'ils restent ? »).

En tant que sensei, vous n'êtes pas plus clairvoyant que quiconque, mais vous pouvez aiguiser chaque jour votre compréhension des syndromes :

- *Signes :* quelque chose ne va pas ou n'est pas ce qui est escompté.
- *Symptômes :* certains signes sont des symptômes ; ils apparaissent partout sous des formes différentes, signalant ainsi une cause plus profonde.
- *Syndromes :* croyances erronées que tout le monde pense 1) naturelles, 2) bonnes, mais qui engendrent des symptômes.

Exemples typiques de syndromes : « Évidemment on a des stocks, les fournisseurs ne livrent jamais à temps » ; « Évidemment on contrôle à 100 % pour repérer les défauts, les seuils de tolérance fixés par l'ingénierie sont impossibles à tenir » ; « Automatisons plutôt que de former le personnel » ; « Ajustons les chiffres pour emporter la commande, on renégociera avec le client une fois qu'il aura signé », etc.

La compétence première du sensei est de savoir distinguer les problèmes « bêtes » (quelque chose est allé de travers aujourd'hui sans raison particulière, on va le régler et il ne se reproduira plus) des problèmes liés à des lacunes (une croyance erronée, mais largement partagée engendre tel problème partout, tous les jours, sous différentes formes). Faire grand cas d'un problème stupide est une perte de temps pour tout le monde et mine la crédibilité du sensei. Insister sur un problème que personne ne pense être un problème, mais qui se révèle stratégique, donne son aura au sensei.

Pour pratiquer vos compétences de sensei, votre premier projet de développement personnel sera de mettre systématiquement à l'épreuve votre capacité à faire la distinction entre un problème « bête » et les syndromes profonds.

Apprendre à parler « valeur », le langage du PDG

L'un des meilleurs signes du succès d'une visite de gemba est la planification de la suivante. Cela peut sembler anodin, mais travailler avec des managers et des dirigeants n'est jamais anodin. Leur temps est compté, et s'ils ne voient pas l'intérêt d'une chose, ils ne la font pas, tout simplement. Ils promettent de recommencer, mais reportent, car survient une autre urgence, etc. Le report des visites de gemba est un signal clair qu'une démarche lean bat de l'aile. PDG et directeur des opérations doivent trouver à chaque visite de la valeur et de l'intérêt.

De quoi discutent les PDG entre eux ? De deux choses essentiellement : la valeur financière et les personnes (qui embaucher, licencier, promouvoir).

La valeur boursière est le langage du monde des dirigeants d'entreprise, à l'exclusion de tout autre, ou presque, du fait même de la nature de leur activité. Les PDG sont jugés et rémunérés sur cette valeur ; et même si ce n'est pas leur façon de s'évaluer, ils ne peuvent y échapper (de nombreux dirigeants raisonnent en termes de croissance, satisfaction client, climat social, choix technologiques, mais leurs investisseurs, eux, n'ont d'yeux que sur le cours de l'action à l'instant *t*). La valeur financière est le mètre étalon avec lequel les actionnaires et les autres acteurs financiers – tels les fonds d'investissement et les banques – estiment la valeur de l'entreprise et, par conséquent, celle du PDG.

En simplifiant à l'extrême, la valeur d'une entreprise découle du cash-flow qu'elle génère. Par exemple, si je paye une entreprise cinq fois son EBITDA, j'espère me rembourser en cinq ans. Mais si elle dispose de beaucoup de trésorerie, cela ne devrait-il pas augmenter sa valeur ? Qu'en est-il de ses actifs ? Elle peut toujours être scindée en plusieurs activités, et la somme des actifs vendus séparément peut être supérieure à une cession en bloc. Et *quid* si la croissance du chiffre d'affaires ralentit ou s'accélère ?

En théorie, la valeur d'une entreprise s'exprime ainsi :

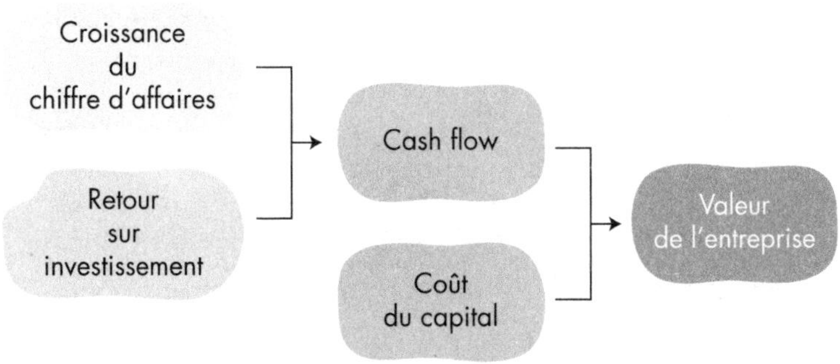

En pratique, tout est permis. Les acquéreurs peuvent valoriser l'entreprise sur la base de ses parts de marché pour compléter leur stratégie. Sa valeur sera alors un multiple de son chiffre d'affaires. Ils peuvent aussi la valoriser à partir de son cours de Bourse ou la vouloir à tout prix.

Quoi qu'il en soit, la valeur d'une entreprise résulte d'une alchimie comprenant la croissance (ou le déclin) de ses ventes, le cash-flow qu'elle dégage, ses actifs et ses fonds propres, la qualité de son accès aux capitaux et l'humeur du jour des marchés et des actionnaires.

Aussi éloigné soit-il de l'univers des senseis, c'est le quotidien des PDG. Les relations entre les deux mondes sont claires :

1. Qualité des produits actuels → ventes actuelles
2. Produits en cours de développement → ventes futures

3. Productivité du travail et des matériaux → cash-flow courant
4. Productivité des actifs (et rotation des stocks) → cash-flow futur

Cependant, le langage est totalement différent. Un leader lean ne peut se limiter aux seules questions opérationnelles. On n'attend pas du sensei qu'il maîtrise en détail la finance, les effets de levier, les techniques de valorisation, mais il lui faut reconnaître ce langage et le connaître suffisamment bien pour ne pas être complètement perdu quand ces sujets sont abordés.

Le sensei doit maintenir l'intérêt d'un dirigeant pour la production et le ramener sans cesse au terrain, à l'écoute des employés qui font le travail à valeur ajoutée. Pour cela, il doit sans cesse affûter sa capacité à traduire ce qu'il voit dans le langage de la valeur pour l'actionnaire, qui est celui du PDG. Il doit également traduire l'impact de ses observations au niveau financier et organisationnel, et promouvoir sans relâche la création de valeur à long terme, non seulement pour l'actionnaire, mais pour les clients, les salariés et la société dans son ensemble.

Notre plus ancienne histoire de sensei remonte aux années 1980. Un fabricant international d'électronique venait d'achever l'automatisation dernier cri d'un entrepôt. La réputation de logisticiens hors pair des experts de Toyota étant parvenue jusqu'à lui, il a invité une délégation à visiter la nouvelle installation. Les visiteurs ont sincèrement admiré les robots qui leur étaient montrés et ont assuré à leurs hôtes qu'ils n'avaient rien vu d'aussi avancé au Japon. À la fin de la visite, les dirigeants de la société d'électronique étaient plutôt contents d'eux, quand une dernière question leur a été posée : « Au fait, à quoi sert cet entrepôt ? »

Cette histoire a tout d'une obscure énigme de sensei, mais elle peut se traduire en débat entre investissement en technologie (automatisation) et productivité des actifs. La question est de savoir si la valeur de l'entreprise s'améliore en ajoutant au bilan le nouvel entrepôt et les stocks qu'il contient (le bilan a en effet meilleure allure ; de plus, toute perspective de remplacement des êtres humains par des machines est une musique agréable à l'oreille des financiers) ou si, au contraire, elle ne se réduit pas du fait d'une allocation de cash-flow et d'investissement à des stocks inutiles et coûteux, que leur gestion soit ou non robotisée.

La seconde obsession des PDG porte sur les embauches, licenciements et promotions. Les dirigeants acceptent l'idée que le talent au niveau de la direction est la clé de leur succès, mais ils tendent à raisonner en termes bureaucratiques :

- *Embaucher pour remplir une fonction.* Le PDG dessine une organisation en définissant le champ des fonctions et leurs liens dans l'organigramme, puis il cherche les profils qui correspondent aux cases.

- *Les personnes cherchent à s'épanouir dans le cadre de la stratégie.* Les PDG sont toujours étonnés que les collaborateurs qu'ils embauchent ne se contentent pas de faire ce qu'on leur demande, mais suivent leurs propres priorités et s'occupent de ce qui les intéresse.

Dès que des dirigeants sont impliqués, toute discussion devient politique. Sensei et leader lean naviguent dans un monde où chacun cherche à savoir qui est bien vu à la cour, qui est en disgrâce, qui est l'allié de qui et qui déteste qui. Il est quasiment impossible de travailler au niveau d'une direction en restant totalement à l'écart des jeux de pouvoir.

Dans ce contexte, le rôle du sensei est d'introduire les réalités du gemba dans le débat. « Un fait est un fait », répétait l'un de nos senseis. Mais on ne peut ignorer que certains faits servent la cause de tels dirigeants et gênent tels autres, et qu'ils susciteront par conséquent des réactions inattendues. En outre, les PDG ont toujours en tête l'idée de promouvoir untel ou de remplacer tel autre, qu'ils le fassent ou non. Le sensei doit avoir conscience qu'il est impliqué, même à son corps défendant, car apprendre le langage des PDG revient essentiellement à parler des personnes, de ce qu'elles obtiennent ou non et de leurs objectifs personnels par rapport aux projets du PDG.

Une caractéristique essentielle du travail de sensei est de poser la question « Pourquoi ? » et non la question « Qui ? » Cela étant, pour réussir une visite de gemba, il faut être conscient qu'il y a toujours des calculs de valeur en arrière-plan et que les PDG raisonnent souvent à partir de la question : « À qui vais-je demander de faire ça ? Et va-t-il le faire ? » Un fait est un fait, mais maintenir l'intérêt des dirigeants pour le gemba exige d'apprendre leur langage et de comprendre leur vision des choses.

Créer un espace de confiance

Écouter jusqu'au bout ! Les visites de gemba sont pénibles pour les dirigeants, mais encore plus pour les opérateurs. Ils voient soudain débarquer une horde de patrons qui les examinent à la loupe comme des insectes et leur posent d'étranges questions.

Les visites de gemba sont dérangeantes. Les dirigeants pensent que tout le monde les connaît, se présentent rarement et disent à peine bonjour. Les opérateurs les fixent comme des lapins pris dans les phares d'une voiture ou se réfugient dans leur travail en faisant abstraction de ce qui les entoure. L'encadrement s'évertue à tout justifier, faisant sans cesse l'aller-retour entre les dirigeants et ce qui leur est montré.

Compte tenu de ces asymétries inévitables, l'enjeu de la visite de gemba est de discuter le moins possible et d'organiser l'espace du débat. La meilleure façon d'y parvenir est d'avoir préparé des présentations de kaizen dans lesquelles les équipes expliquent le progrès qu'elles cherchent à obtenir, le problème qu'elles veulent résoudre, la façon dont elles s'y prennent et dont cela se passe, le soutien dont elles ont besoin. La création d'un espace formel et sécurisant facilite beaucoup la discussion des problèmes.

« Regarder, écouter, sentir » recommandait un sensei vétéran de Honda. Être présent est le principal outil du sensei, se concentrer, écouter ce que les gens disent vraiment, de manière littérale. Noter les écarts entre ce qu'ils font et ce qu'ils disent. Regarder ce qui manque aussi bien que ce qu'ils vous montrent. La force d'une véritable attention accordée à tout le monde – du PDG à l'opérateur –, voilà ce qui fait de la visite de gemba une expérience unique pour les personnes, en termes de respect mutuel : faire l'effort maximum de comprendre le point de vue de chacun, surtout quand la situation est complexe et l'atmosphère psychologiquement lourde.

Le sensei apporte au gemba sa façon de voir. En regardant telle ou telle chose, il attire l'attention et révèle souvent un gaspillage. La faculté de susciter cette attention par sa seule présence est essentielle au succès de sa mission. En visitant le terrain de l'encadrement de proximité en compagnie de dirigeants, attendez-vous aux réactions suivantes :

- *Validation :* dites-nous qu'on fait bien les choses.
- *Justification :* certes, certaines choses ne sont pas au point, mais on ne pouvait pas faire autrement, voilà pourquoi.
- *Rationalisation :* même si notre mode opératoire ne vous paraît pas optimal, il présente plusieurs avantages dont celui-ci… Marcher sur les mains économise les semelles, par exemple.

La difficulté est de montrer que vous écoutez, sans entrer pour autant dans la logique de la personne qui défend légitimement son mode opératoire. La présence du sensei tient à sa faculté de ne pas se laisser distraire par les discours et de rester concentré sur ce qu'il y a à voir (les managers ont d'ailleurs tendance à se mettre devant vous et vous empêchent d'observer de plus près ce que vous avez remarqué) et de retenir l'attention des personnes pour qu'elles apprennent à voir. Équilibrer le yin et le yang entre écoute et questions dérangeantes est un art difficile que les senseis s'efforcent constamment d'améliorer.

Nampachi Hayashi, un célèbre sensei de Toyota, recommandait de se servir « des pieds, des mains et des pièces pour voir les faits tels qu'ils sont, en allant sur place afin de se rendre compte par soi-même » :

- Ne regardez pas avec vos yeux, mais avec vos pieds.
- Ne pensez pas avec votre tête, mais avec vos mains.
- Ne demandez pas à l'opérateur, mais aux composants.

On pourrait réduire ce conseil à du folklore Toyota, mais il est en fait essentiel au développement de la présence du sensei sur le gemba : ne pas se laisser distraire par les arguments, suivre la piste en allant voir par soi-même (regarder avec ses pieds), penser concrètement, sans se laisser emporter par les arguments du type « en théorie » (penser avec ses mains) et suivre ce qu'il se passe réellement dans le travail (parler aux pièces avant de parler aux personnes).

Le sensei doit apprendre à éviter dans la discussion les confrontations personnelles et à obtenir du groupe qu'il regarde vraiment ce qui se passe en réalité, sans prolonger les échanges avec les opérationnels au-delà de la courtoisie élémentaire. Les opérateurs sont très diserts sur leur façon de travailler, mais leur demander leur opinion devant la hiérarchie peut les gêner beaucoup et susciter des réactions surprenantes.

Une visite de gemba est réussie si les opérateurs sont fiers de ce qu'ils montrent et si les dirigeants ont le sentiment d'avoir découvert quelque chose d'intéressant qu'ils ne connaissaient pas auparavant. Une visite est ratée quand les opérateurs ont l'impression d'avoir été négligés, voire méprisés, et que les dirigeants ont l'impression de n'avoir rien appris. Gravir une montagne est difficile, dégringoler d'une colline est aisé surtout dans les entreprises où le dialogue social est compliqué. Une grande partie du succès d'une visite de gemba dépend de la faculté du sensei à maintenir l'attention du groupe sur ce qui se passe, au lieu de chercher à qui revient la faute. Maintenir le cap sur « les problèmes d'abord, sans culpabiliser » exige du doigté et un entraînement constant.

Choisir le prochain problème d'apprentissage

L'idée selon laquelle emmener les dirigeants sur le gemba conduit à une plus grande efficacité opérationnelle repose sur trois hypothèses :

1. Si les collaborateurs comprennent ce qu'ils font, ils travaillent mieux.
2. Aider les collaborateurs à approfondir le sens qu'ils donnent à ce qu'ils font consiste à leur faire résoudre des problèmes précis qui aiguiseront leur

raisonnement et leur donneront l'occasion de faire des découvertes et de prendre des initiatives.

3. Peu de problèmes organisationnels peuvent être résolus par une seule personne ; encourager les gens à les résoudre ensemble, au sein d'une équipe ou en collaboration avec d'autres fonctions, est la clé pour élargir leur horizon et développer leur influence dans l'entreprise.

En soi, ces hypothèses sont peu contestables, mais elles présentent une faiblesse : que veut dire « comprendre » ? Comme dans toute situation d'apprentissage, au cours d'une visite de gemba, les personnes sont rapidement confrontées à des faits et à des procédures (des étapes pour faire les choses). Comme dans toute situation d'apprentissage, pour assimiler quelque chose, elles ont besoin de trouver du sens.

Le sens est cette sensation particulière qu'on éprouve une fois qu'on a relié les pointillés. Faits et procédures nouvelles enrichissent notre compréhension quand on parvient à les relier à un faisceau de faits et de procédures qu'on maîtrise déjà. Parfois, la lumière surgit quand des points auparavant dispersés prennent soudain forme et que notre cerveau découvre de nouveaux liens : « Ah, je vois ! Sous cet angle, c'est très différent. » À l'inverse, il arrive souvent que les points restent épars et ne prennent aucun sens.

Que voyez-vous ci-dessous ?

- Certains lecteurs verront une jeune femme (c'est dit, à présent tout le monde la voit).
- D'autres auront vu une vieille femme (c'est dit, à présent tout le monde la voit).
- D'autres encore noteront comment l'illusion est produite (c'est dit, à présent tout le monde la voit).

Dans les situations ambiguës (comme dans le cas du dessin de la page précédente), la façon dont la question est présentée (jeune, vieille, illusion) oriente souvent l'interprétation des indices et du contexte. La résolution de problèmes aide les collaborateurs à réfléchir au-delà de la première solution ou opinion qui leur vient à l'esprit (réaction de leur mémoire) et à apprendre réellement à penser en manipulant mentalement les situations pour les considérer sous d'autres angles et perspectives.

La résolution de problèmes est plus efficace que des exposés et des explications car elle incite les collaborateurs à considérer de nouveaux faits et à réfléchir par eux-mêmes. S'ils s'approprient le problème, ils trouveront de nouveaux éléments, qu'ils relieront entre eux, approfondissant ainsi leur compréhension des choses.

Toutefois, si le problème paraît trop éloigné de leurs préoccupations, du contexte et du moment, ils s'en détourneront ou, s'ils y sont contraints, ils feront semblant sans vraiment essayer, et au final ils n'apprendront pas grand-chose. Une telle une situation était courante à l'époque des premiers senseis. Ils proposaient des défis, évidents à leurs yeux, mais qui paraissaient souvent étranges et arbitraires. Aussi, leur auditoire les mettait-il sous le tapis en espérant que personne n'y reviendrait plus. Pour être franc, cela arrivait quotidiennement pendant les visites de gemba, surtout au tout début.

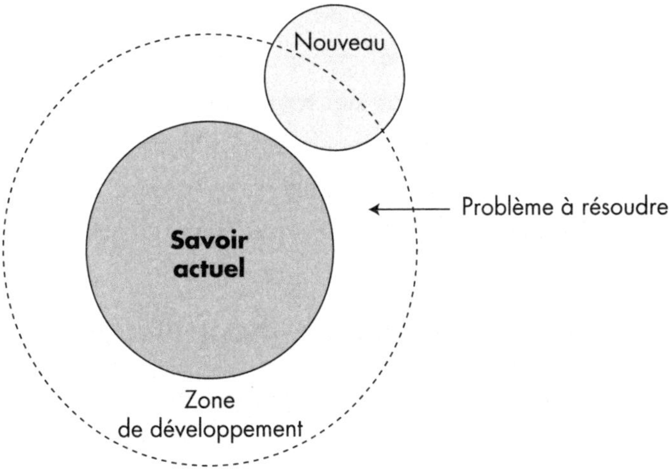

Pour accompagner le développement des collaborateurs et des dirigeants, les sensei doivent apprendre à leur donner des problèmes ardus et concrets, qu'ils estiment pertinents et intéressants dans le contexte présent. Deux biais cognitifs rendent cet apprentissage complexe :

- Il est très difficile d'accepter que les autres ne sachent pas ce que l'on sait et de se représenter ce qu'ils savent, pour partir de ce savoir-là.
- On imagine souvent que tout le monde donne le même sens aux mots. Or, c'est rarement le cas, car en réalité le même mot veut souvent dire des choses très différentes d'une personne à l'autre.

Le travail du sensei est de montrer les problèmes, de discuter des idées et d'esquisser une façon de chercher des réponses sans jamais donner de solution précise. Tout dépend de sa capacité à repérer les bons problèmes, c'est-à-dire ceux qui représentent un challenge suffisamment important pour susciter la curiosité, sans être excentriques ou complexes au risque que les gens les dédaignent. L'équilibre n'est pas facile à trouver.

Développer le management visuel

Dans la culture lean, le sensei apporte aussi une contribution directe sur le lieu de travail avec « le management visuel », en trouvant des façons de visualiser les processus afin de rendre plus intuitif l'enchaînement des tâches en termes d'objectifs de production et d'étapes à suivre, et de rendre visibles les problèmes au premier coup d'œil.

En Occident, le management prend souvent le management visuel pour de l'affichage de PowerPoint sur les murs, permettant de suivre les plans d'action et d'informer les opérateurs de la façon dont leur travail est évalué. Les managers ont également adopté les Post-it pour noter les problèmes et gérer les urgences et les priorités.

Ces pratiques sont très éloignées du management visuel d'origine. Celui-ci s'apparente plus au système de signalisation qui guide le retour des voitures de location dans les aéroports (surtout si celui-ci n'est pas familier).

Parfois, les indications sont évidentes, parfois, elles semblent avoir été conçues exprès pour vous perdre.

30 à 50 % de notre matière grise sont consacrés à la vision (10 % au toucher et 3 % à l'audition). Les informations visuelles sont traitées de façon fluide et inconsciente et priment toujours sur les informations orales. Les techniques de management visuel s'apparentent à celles de l'ingénierie des choix : ce qui doit être fait et quand est indiqué par des signaux visuels afin que les gens fassent automatiquement les bons choix, sans avoir à y réfléchir et sans qu'on leur dise quoi faire.

L'essentiel du management visuel consiste à clarifier la logistique des tâches pour rendre le rythme de production et le flux des composants (physique ou immatériel) aussi clairs que possible et pour que les variations apparaissent le plus vite possible (au lieu d'être dissimulées dans les stocks ou les encours).

Cette compétence est spécifique à la culture lean. Pour transformer les questions en problèmes, le sensei doit convaincre ses interlocuteurs d'appliquer les pratiques du management visuel afin de faciliter la réflexion concrète en confrontant le réel au prévisionnel.

Comme l'explique Takehiko Harada, le kaizen consiste en fait à rapprocher la valeur du consommateur final. Ce principe général guide le type d'exercices que recherche le sensei. Sa compétence est sa capacité à proposer le bon défi sur le gemba, selon les cinq pratiques vues précédemment, de façon à ce qu'il fasse sens aussi bien pour le PDG que pour les membres des équipes. Un bon sensei montre aux managers comment créer les conditions du kaizen : inciter les équipes opérationnelles à expérimenter avec le kaizen et les soutenir pour qu'elles se rendent compte de ses avantages, continuent de le pratiquer et développent leur propre sensibilité kaizen. Bien sûr, à mesure que les dirigeants utilisent les suggestions du sensei pour améliorer le management visuel afin de rendre le travail plus intuitif et révéler les problèmes, le système de production évolue lui aussi étape par étape. Mettre en pratique ce que nous prêchons nécessite que nous ayons, en tant que sensei, une idée de notre propre « étoile polaire », c'est-à-dire des conditions idéales pour que le système d'apprentissage s'intègre au système de production. À quoi cela pourrait-il ressembler ?

Points clés

Au fur et à mesure des questions abordées avec le sensei, l'organisation se met à travailler sur des sujets différents de ce qu'elle avait l'habitude de faire. Peu à peu, le leader prend conscience de la divergence entre :

- *Garantir la continuité de la satisfaction client.* Appuyer la croissance sur une base grandissante de clients engagés, promoteurs de l'entreprise, ce qui signifie sécuriser le flux de ressources et donc l'engagement des collaborateurs et des partenaires.

- *Optimiser les fonctions et les systèmes.* Remplacer ce qui fonctionne mal par une réorganisation, un changement de manager ou la mise à niveau du système pièce par pièce, indépendamment de l'impact sur la culture ou l'ensemble du tissu de valeur.

Progressivement, le leader voit qu'il est plus efficace d'améliorer un système existant plutôt que d'étudier son remplacement. Petit à petit, également, l'équipe de direction apprend à améliorer les interfaces entre systèmes et fonctions, plutôt que de traiter chaque sujet comme un jeu à somme nulle, un conflit entre gagnants et perdants.

Du point de vue du leader, on peut comparer les différentes business units et voir l'impact sur les résultats et la capacité d'adaptation aux conditions de marché de deux croyances distinctes : (A) améliorer l'existant est possible, en vaut la peine, et conduit à de meilleures solutions globales *versus* (B) améliorer l'existant est impossible, ne vaut pas l'effort et la seule manière d'obtenir de meilleurs résultats est de remplacer ce qui ne marche pas par quelque chose de nouveau.

Du point de vue du leader, la croyance (A) produit bien plus d'améliorations, de performances et de résultats que la croyance (B), mais cette attitude est moins répandue parmi les patrons de fonction et les chefs de départements. Le travail du sensei et du leader est de faire mesurer et d'expliciter les améliorations de business afin de convaincre les managers d'adopter (A) plutôt que (B).

Chapitre 7

Le Lean, un système d'éducation pour améliorer le système de production

Toyota s'est engagé dans la voie de l'apprentissage et de la formation pour dominer son marché en proposant des gammes larges et fréquemment renouvelées, un niveau de qualité élevé et des coûts compétitifs. Architecte du Toyota actuel, Eiji Toyoda (1913-2013) a dirigé le groupe à son apogée (il a également été l'artisan du défi, relevé par la Prius hybride, de diminuer drastiquement les émissions et la consommation). Il a développé les idées de son oncle Sakichi Toyoda, l'inventeur de « l'automatisation intelligente » et de son cousin Kiichiro Toyoda qui a mis au point le « juste-à-temps » et mis en place le système d'éducation. Sa contribution personnelle à l'édifice a été l'introduction du programme de suggestions qu'il avait découvert en visitant Ford dans les années 1950, et qui est devenu la base du principe « bonne réflexion, bons produits ».

Améliorer la qualité par un système de connaissance approfondie

Avec la croissance rapide de l'entreprise, ces idées sont progressivement devenues un système opérationnel. La direction devait faire face à un rythme d'amélioration de la qualité inférieur à la croissance de la productivité : trop d'opérateurs novices, formation insuffisante, absence de communication entre les fonctions, et tous les symptômes habituels de la maladie de la grande entreprise. Alors vice-président exécutif, Eiji Toyoda a été chargé de consolider toutes les activités TQC[18], du planning de production jusqu'à la commercialisation, en passant par la conception et la production, qui allaient constituer le socle des systèmes d'apprentissage et permettre à Toyota de dominer le marché mondial de l'automobile.

---

18 *Total Quality Control* (contrôle de la qualité totale).

Afin de transformer son engagement pour « la qualité d'abord » en défi concret pour l'ensemble du groupe, Toyota a concouru au prix Deming qui lui a été décerné en 1965. Le prix avait été instauré en 1951, en hommage à la contribution du professeur W. E. Deming aux progrès rapides de l'industrie japonaise en matière de qualité. À cet égard, W. E. Deming peut être considéré comme le sensei des senseis. En effet, peu de discours ont eu un impact aussi profond sur un secteur (comme Taiichi Ohno l'a eu également, avec le kanban et le kaizen). Pour comprendre comment Toyota a conçu sa réponse au défi que lui posait la qualité, examinons de plus près la pensée de W. E. Deming. Pour lui, la voie de la transformation a pour fondement une connaissance approfondie. Un système de connaissance approfondie devrait comporter quatre dimensions, liées entre elles :

- la compréhension du système ;
- la connaissance des variations ;
- une théorie de la connaissance ;
- de la psychologie[19].

Selon nous, c'est exactement ce que Toyota a fait : développer un système de connaissance approfondie en considérant l'entreprise comme un système, en

19 W. E. Deming, *The New Economics*, Cambridge, MIT Press, 1994.

comprenant l'impact du mura, du muri et du muda, en développant sa propre théorie de la connaissance et du développement des personnes. Toute théorie de la connaissance devrait combiner ces trois éléments fondamentaux :

- *Essayer et regarder :* pour tenter de nouvelles choses et découvrir ce qui fonctionne et ce qui ne fonctionne pas.
- *Une théorie :* pour trouver du sens à partir de la pratique et constituer un corpus de connaissances.
- *Un modèle de test :* des mesures et des indicateurs pour distinguer les faits des opinions.

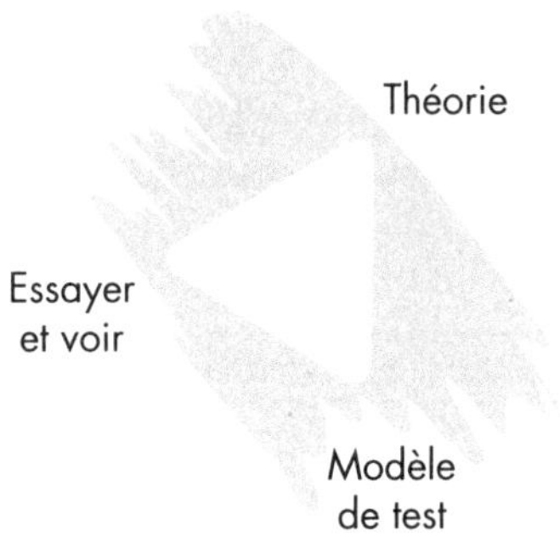

Omettez l'un des trois éléments et vous obtiendrez de l'expérience, de la philosophie ou du reporting, mais très peu d'apprentissage et de connaissance véritable. Excluez la psychologie, c'est-à-dire une théorie de la motivation et des modes de pensée des individus, et vous obtiendrez de bonnes intentions sans améliorations concrètes. « De l'expérience sans théorie, disait W. E. Deming, n'enseigne pas au management ce qu'il faut faire pour améliorer la qualité ou un positionnement concurrentiel, ni comment le faire. »

On retrouve ce type d'approche dans le Lean. En Scandinavie, un sensei TQM, agacé par la propension des Nordiques à discuter sans fin avant d'expérimenter, leur a dit qu'ils ne seraient pas dignes de parler théorie tant qu'ils ne se seraient pas mis à la pratique. L'introduction de Taiichi Ohno au premier manuel du TPS affirme « la supériorité de la pratique sur la théorie ».

Néanmoins, nous avons entendu les anciens senseis nous demander inlassablement de formuler notre compréhension de la théorie avant d'introduire un changement. *A contrario*, nous avons souvent vu, même chez Toyota, l'usine poursuivre les rituels du kaizen après le départ du sensei, sans chercher ni à clarifier davantage le niveau théorique ni à vérifier rigoureusement les résultats. Les améliorations ralentissent alors très vite. Dans le même texte, Taiichi Ohno donne un éclairage intéressant sur la tension entre théorie et pratique : « Quand on essaie d'appliquer un principe aussi évident que le juste-à-temps, on rencontre une diversité de problèmes qui le rendent presque infaisable. Mais, même si les idéaux le sont par principe, si nous disons qu'ils sont irréalistes, ils le resteront. »

Sachant que le caractère 理 (logique) dans 合理化 (rationalisation) est le même 理 que dans 理想 (idéal), pour quelqu'un qui s'efforce de rationaliser, tout part de la mise en œuvre ou d'un défi pour se rapprocher aussi près que possible de l'idéal.

Juste-à-temps, productivité, coûts, externalisation des charges : du point de vue du bon sens logique, tout cela semble très contradictoire. Il nous faut briser ce mur du bon sens traditionnel et faire coexister ces éléments contradictoires en nous aidant de ce qu'on appelle aujourd'hui la rupture logique ou *logic escape*[20].

La participation volontaire de tous dans le kaizen

Cette rupture logique, le dépassement de contradictions à travers un moment de réflexion créative, en pensant avec ses mains et en essayant des choses, tout en testant ses idées et en mesurant les résultats, est la pierre angulaire de l'approche de Toyota en matière de psychologie. La motivation procède du succès et les anciens senseis pensent que si tout le monde s'engage dans le kaizen et en tire de bons résultats, la motivation augmentera avec

---

20 *Toyota Handbook*, 1973, annoté par Mark Warren, 2018.

« la joie qui vient de la création ». Le raisonnement est le suivant :

Tout le monde veut contribuer → le surplus d'énergie se perd en tâches sans valeur ajoutée → il faut transformer le gaspillage en travail → les tâches s'accomplissent avec une aisance naturelle.

Avec un esprit kaizen vigoureux → tout le monde peut avoir de bons résultats → ce qui produit de la motivation → et la découverte de la joie de créer → qui construit le respect des personnes.

Ce raisonnement correspond à une théorie sous-jacente : le sentiment d'accomplissement des individus procède de la pratique du kaizen qui repose, quant à lui, sur une compréhension partagée des problèmes, le soutien du travail d'équipe et la promotion d'un état d'esprit kaizen. Ce qui, à son tour, nécessite une communication ouverte et la participation des collaborateurs.

Toyota, dont s'inspire l'essentiel du Lean, a développé beaucoup plus qu'une pratique du manufacturing. Le constructeur s'est doté d'une théorie du produit et des affaires qui guide ses pratiques de production. Il a développé sa propre théorie psychologique qui guide ses pratiques de management. Les raisons de son succès prolongé (domination du marché, rentabilité d'une marque de luxe, produits innovants et soucieux de l'environnement) se trouvent non seulement dans le TPS, mais dans son approche globale de la rentabilité à long terme et dans son système de développement de meilleures voitures, modèle après modèle.

Pour une raison étrange, le monde des affaires a décidé qu'il pouvait progresser par la pratique seule, comme le montre l'obsession actuelle pour les « meilleures pratiques ». Comme nous le savons à présent, le véritable apprentissage survient avec le PDCA (planifier, démarrer, contrôler, ajuster), ce qui signifie apporter à notre théorie du moment des changements concrets aux impacts mesurables. Selon l'approche lean, l'apport du sensei est la création des conditions du PDCA pour chacun, partout, chaque jour. Nous devons donc inévitablement développer notre propre théorie du travail du sensei.

Le cycle de Shewhart

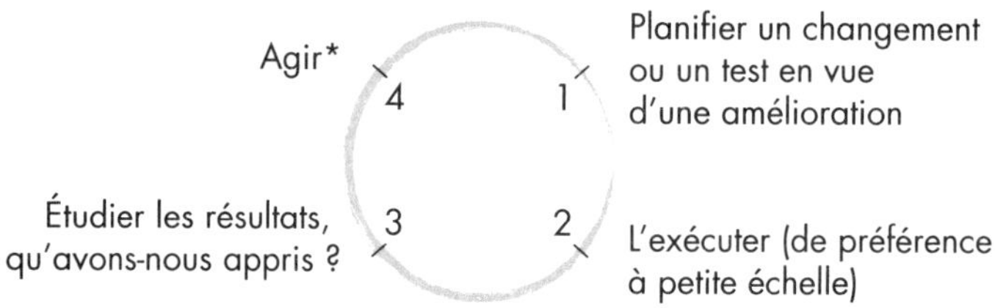

* Agir adopter le changement
ou l'abandonner
ou refaire un cycle, éventuellement sous des conditions différentes

Le cycle PDCA établi par W. E. Deming, d'après le processus scientifique dynamique d'acquisition des connaissances de Walter Shewhart, dans H. Neave, *The Deming Dimensions*, Knoxville, SPC Press, 1990.

Le Lean est très souvent considéré comme un simple système de production qui supprime mécaniquement les défauts (la « compréhension des variations » dans la théorie de W. E. Deming) alors que sa portée est beaucoup plus grande. L'un de ses principes fondamentaux est de remplacer les instructions par des problèmes et leur résolution, afin de former les gens au lieu de les contrôler.

Il s'agit d'un système d'éducation qui crée des conditions d'amélioration continue par le développement continu des personnes. Mais qui éduque les éducateurs ? Les premiers praticiens du Lean ont appris la tradition auprès de leur sensei. En refaisant les mêmes exercices dans des conditions différentes, les pionniers ont progressivement élaboré leur propre compréhension intuitive des principes : satisfaction client, jidoka, juste-à-temps, heijunka, tâche standardisée, kaizen, stabilité de base. Maîtriser ces principes ne consiste pas seulement à mettre en place les bonnes méthodes de production, mais à proposer également des expériences lean à la génération suivante de praticiens du Lean.

Personne ne sait de quoi demain sera fait, encore moins les cinq ou dix prochaines années. Il est juste impossible d'acquérir et d'appliquer « les meilleures pratiques » de l'avenir : on ne les connaît pas encore. Les meilleures pratiques actuelles ne feront que vous banaliser puisque tout le monde fait la même chose. Elles ne vous rendront pas compétitif.

Pour rester en tête, il n'y a pas d'autre moyen que l'exploration. Cela signifie se concentrer toujours sur la prochaine étape sans savoir à l'avance ce qu'elle sera. Le système lean est une façon systématique d'identifier les prochaines étapes afin d'expérimenter en impliquant chacun, partout, chaque jour.

La recherche récente en science des organisations a irréfutablement prouvé que la performance est liée au flux des idées (la façon dont elles sont générées et dont elles circulent d'une personne à l'autre dans l'entreprise). Selon Alex Pentland, entrepreneur multirécidiviste et professeur au MIT : « Le rythme du flux d'idées est un indicateur important du fonctionnement du réseau social dans la préparation des décisions stratégiques… C'est aussi un indicateur avancé de productivité et d'innovation[21]. » De nombreuses entreprises prospères l'ont compris au fil du temps et ont trouvé des façons d'augmenter le flux des idées. Toyota est la première à l'avoir systématisé avec des outils de support particuliers tels que le système de suggestions, les activités d'autoapprentissage, les cercles de qualité et le hoshin kanri. Les senseis jouent un rôle crucial dans le développement d'un système d'éducation qui sous-tend

---

21 A. Pentland, *Social Physics*, New York, The Penguin Press, 2014.

le flux des idées, mais ils ne sont en aucune façon l'alpha et l'oméga du système.

Le rôle du sensei est une invention occidentale, proche du consultant ou du coach. Chez Toyota, nous avons vu une organisation apprenante qui comprend différents rôles à différents niveaux :

RÔLE	NIVEAU	POUR DÉVELOPPER
Sensei	Dirigeant	Défis et conduite du gemba
Responsable lean	Manager	Kaizen et activités d'autoapprentissage
Formateur	Équipier	Compétences et développement au poste de travail

Ce ne sont pas des fonctions d'encadrement. L'objectif est d'avoir un projet de recherche à chaque niveau. Le PDG et le sensei ont besoin de plusieurs projets de recherche pour voir et apprendre. L'encadrement intermédiaire a parfois besoin de l'aide d'un consultant ou d'un responsable lean pour mener à terme les projets de recherche. Quel que soit notre niveau de compétence, nous avons besoin d'un formateur pour passer au niveau supérieur. Ces différentes facettes ne sont pas nécessairement organisées, mais elles peuvent l'être. Chez Toyota, nous avons vu plusieurs modes opératoires, des coordinateurs japonais faisant office de managers, aux bureaux kaizen au sein desquels les responsables de lignes de production sont préparés à leur prochaine promotion, etc. Il n'y a pas de « meilleure » pratique. Le PDG doit comprendre que son entreprise a besoin d'un système d'éducation et qu'il doit développer le sien propre :

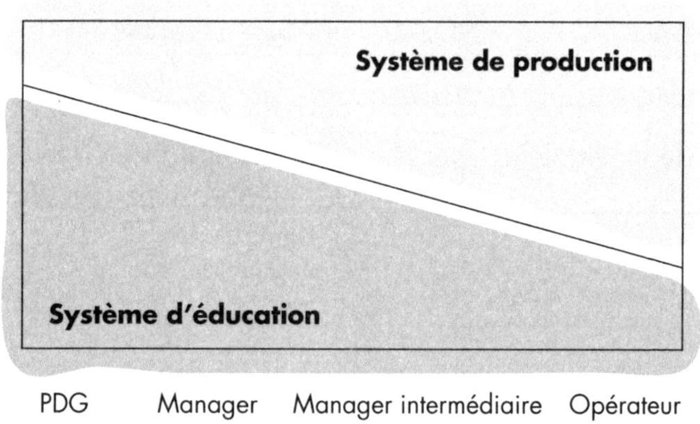

Points clés

L'entreprise moderne repose sur la définition et la mise en œuvre de processus et de systèmes sous-jacents. Les dirigeants sont convaincus que plus de performance dépend de meilleurs processus, mieux appliqués, et de systèmes plus détaillés et plus complexes. Inversement, dans la plupart des cas, l'observation de situations concrètes sur le terrain met en évidence que les agents font face à des configurations imprévues dans lesquelles processus et systèmes sont des entraves plus que des aides, et qu'ils ont du mal à les aborder astucieusement.

La clé de l'efficacité ne réside pas dans de meilleurs processus – ceux qui sont en place gèrent généralement très bien le tout-venant –, mais dans une meilleure compréhension du travail pour faire face aux cas particuliers. Cela requiert une connaissance plus approfondie des technicités de l'entreprise.

Réduire les personnes à des automates qui exécutent les instructions des systèmes entraîne leur désengagement : perte d'intérêt pour leur métier et de confiance dans l'entreprise, ce qui a peu de chance de les amener à approfondir leurs connaissances. Inversement, des projets d'investigation les incitent à explorer la réalité des situations et à mieux comprendre la multiplicité des cas de figure.

Le leader lean peut attendre de chacun de ses collaborateurs qu'il mène un projet d'apprentissage dans le cadre de ses fonctions. L'ensemble de ces projets de recherche crée l'espace de liberté de pensée et de créativité qui forme le potentiel d'innovation réel de la société. Chaque personne peut ainsi approfondir ses connaissances tant pratiques que théoriques et tester des idées nouvelles.

Le TPS est un système d'éducation qui fait apparaître des sujets d'exploration afin de constamment repenser les processus de l'entreprise : où s'appliquent-ils sans difficulté, ? Où posent-ils problème et où doit-on en repenser complètement la logique ? La mise en œuvre progressive du TPS grâce aux enseignements du sensei permet de créer un véritable système de production de connaissances sur l'entreprise elle-même.

Au fil du temps, le leader lean prend conscience que sa performance à long terme ne tient pas tant à un flux de travail, de tâches à exécuter sans se poser de questions, mais à un flux d'idées traversant l'entreprise de fonction en fonction. Ce flux d'idées, que le dirigeant lean se doit d'entretenir et de nourrir par sa propre curiosité et sa présence sur le terrain, est le véritable moteur de la performance et de l'avance concurrentielle dans la durée.

Conclusion

Le Lean est le premier système de management vraiment global. Il s'inspire du système de management de Toyota tel qu'il a été développé à partir de l'apprentissage de ses ingénieurs auprès de leurs confrères allemands, de l'imitation de leurs confrères américains et de leur propre ingéniosité. Le Lean n'est pas le Système de Production Toyota, ni l'une ou l'autre des facettes du style Toyota, mais une tentative de diffuser les leçons de performance de Toyota (un innovateur disruptif, dominant le marché mondial, avec la même rentabilité qu'une marque de luxe) au-delà de l'entreprise, du secteur automobile et du Japon.

La leçon fondamentale – apprise auprès des senseis, chercheurs, dirigeants et consultants – est d'envisager une alternative au système traditionnel de « commande et contrôle » du management occidental et d'explorer la méthode « challenge et soutien » de la démarche Toyota. Le Lean est un système de développement continu des personnes. Pour les dirigeants, cela signifie de demander à chacun d'avoir un sujet de recherche, qu'il s'agisse d'un problème à résoudre, d'une suggestion à faire, ou de participer à un cercle de qualité, puis de promouvoir ceux qui y font preuve d'excellence.

Pour les dirigeants, le grand changement consiste à ne pas lancer de vastes plans d'action qui maintiennent tout le monde sous contrôle, mais de discuter avec chacun de la façon dont il comprend le problème et envisage la prochaine étape, en prenant en considération :

1. Les défis compétitifs de l'entreprise, par la recherche de problèmes concrets rencontrés par les clients ou les opérateurs sur le gemba.
2. Les idées pour relever les défis et la capacité d'expérimenter de nouveaux modes opératoires et d'appliquer de nouvelles technologies pour résoudre les problèmes du moment.
3. La nécessité d'obtenir l'adhésion des personnes, en comprenant les obstacles qu'elles affrontent, les difficultés qu'elles rencontrent et en encourageant leurs analyses et initiatives, pour savoir où apporter un soutien.

La mission principale du sensei est d'aider les leaders à faire tout cela et à définir le type de soutien que les prochaines étapes nécessitent pour entretenir le dynamisme de l'entreprise et disposer d'une organisation tournée vers les personnes.

Pour le leader lean, il s'agit de renoncer à proposer les réponses, de devenir expert dans l'art de poser les bonnes questions, de repérer les opportunités de développement, de bousculer la logique de la culture dominante, de définir les exercices pertinents pour que les personnes puissent élargir leur horizon et leurs compétences. Et enfin, de s'assurer que les expérimentations sont menées jusqu'au bout, leur impact vérifié et les conclusions adéquates tirées, autrement dit, que l'apprentissage a vraiment lieu.

Les senseis ne coachent pas. Ils n'enseignent pas (si ce n'est les techniques de management visuel). Et ils ne font pas de recommandations. Les senseis lancent des défis aux personnes et favorisent l'approfondissement de l'observation, des discussions et de l'engagement dans des projets d'apprentissage. Ce faisant, ils aident les personnes à découvrir elles-mêmes leurs propres solutions qui les feront grandir, en partant de petites améliorations progressives, jusqu'à l'innovation totale. Car, en fin de compte, comme le disait un ancien sensei : « Le gemba est le meilleur des enseignants. »

Postface

Jacques Chaize[22]

En lisant ce livre, j'ai revécu les deux « traversées du miroir[23] » qu'accomplit un dirigeant pour devenir un véritable leader lean : se transformer lui-même pour pouvoir ensuite transformer son entreprise.

La première traversée, se transformer soi-même, est difficile sans sensei. Il est en effet inconfortable de s'attaquer seul à nos propres façons de penser et d'agir, celles qui ont construit nos réussites et fondent notre légitimité de dirigeant. Sans sensei, comment reconnaître les angles morts de nos modèles mentaux ? Comment débusquer seul ces « éléphants dans la pièce » que nous refusons de voir par crainte de mettre au jour nos erreurs, nos entêtements et d'avoir à en assumer les conséquences ?

---

22 Coauteur de *La Stratégie Lean*, Eyrolles, 2018.

23 *La Traversée du Miroir* (1871), suite d'*Alice aux Pays des Merveilles* de Lewis Carroll.

La seconde traversée, rarement décrite, c'est celle qui transforme le leader lean en véritable sensei de sa propre entreprise. Il peut alors, parce qu'il l'a vécu profondément lors de la première traversée, comprendre et apprendre à utiliser toute la puissance d'apprentissage et de transformation du Lean pour en faire la stratégie même de son entreprise en cherchant la satisfaction continue de ses clients par l'engagement et le développement de tous.

La richesse de ce livre, c'est de décrire en détail ces deux traversées indispensables, rendues possibles par l'accompagnement bienveillant et exigeant du sensei. Gardez cet ouvrage à proximité : il vous rappellera que la première traversée ne se délègue pas et que la seconde n'est jamais vraiment terminée !

Remerciements

Michael Ballé : je tiens tout particulièrement à remercier Catherine Ballé pour son aide précieuse sur la version française. Ce livre est en grande partie issu d'échanges avec mes collègues enseignants Catherine Chabiron et Godefroy Beauvallet et la promotion 2018 du CES Lean Management chez Télécoms Évolution, sur les différences entre l'enseignement (transmission) et le travail du sensei (accompagnement). Je suis reconnaissant envers Dan Jones qui nous a encouragés à développer ces idées en livre et Jacques Chaize qui a relu la première version anglaise, offert ses dessins et apporté son concours à la construction de la version française. Takao Sakai nous a également beaucoup aidés à dépasser nos points de vue culturels étroits pour avoir un aperçu de l'esprit Mikawa[24].

Un grand merci aussi à Cécile Roche, Richard Kaminski, Cyril Garambois, Anne-Lise Seltzer, Aurore

---

24 L'agressivité et le pragmatisme propres à la région de Toyota City.

Xemar et tous mes collègues de l'Institut Lean France. Merci à Jean Cunningham, Tom Ehrenfeld et James Connolly au LEI pour avoir rendu ce livre possible, et à Eric Buehrens et Jim Womack pour leur soutien. Merci enfin à Robert Priolo et René Aernoudts de Planet Lean, dont le soutien constant à la recherche en Lean a débouché sur ce livre. Je suis également très redevable envers les anciens de Toyota, Gilberto Kosaka, Takehiko Harada, Joe Lee et Isao Yoshino, qui ont généreusement partagé leur savoir sur les débuts du TPS. Et merci tout spécialement à mon père Freddy Ballé, le premier sensei lean français.

Et pour finir, toute ma gratitude et mon amour à Florence, Roman et Alexandre qui ont la patience de vivre avec un auteur.

Nicolas Chartier : cette aventure apprenante n'aurait jamais été possible sans la grande équipe au complet d'Aramisauto. Ensemble, avec l'impulsion de notre sensei Michael Ballé, nous avons appris en expérimentant. Tous ont toujours été partie prenante et enthousiastes. Ce livre leur est dédié avec ma pleine reconnaissance pour leur énergie et leur volonté d'apprendre.

Pascale Coignet : le mot « Lean » n'aurait jamais eu de sens pour moi sans le soutien de Françoise De Bois. Elle m'a offert deux livres, *Le Management lean* de Michael Ballé et Godefroy Beauvallet et *The Gold*

Mine, et m'a encouragée à suivre une formation en Lean management, où j'ai fait mes premiers pas sur la voie du Lean. Pendant un an, j'ai eu la chance de recevoir les enseignements de Michael Ballé, Godefroy Beauvallet et Catherine Chabiron (et de mes merveilleux collègues). Je suis heureuse de faire partie de la communauté lean et très honorée d'être sur la couverture de ce livre en compagnie de mes coauteurs : ce livre n'est pour moi qu'un début, la voie du Lean semblant infinie et toujours pleine de surprises et de lumières. Merci à tous ceux qui m'ouvrent cette voie, et merci à ma fille et à mon mari adorés qui avec amour et tendresse me laissent l'emprunter.

Sandrine Olivencia : mes plus vifs remerciements à mes amis Michael Ballé, Catherine Chabiron, Régis Medina, Richard Kaminsky et Cécile Roche pour nos longues heures d'échanges fructueux et de réflexion poussée. Un grand merci également à tous mes collègues de l'Institut Lean France, si actifs dans la communauté lean. Ma profonde gratitude envers mon mari Benjamin et ma fille Emma pour leur soutien et patience tandis que j'expérimentais le Lean. Merci d'être ma chambre d'écho, parfois mes cobayes. Au fond, vous êtes mes véritables senseis.

Daryl Powell : sans le partage d'expériences et le soutien des personnes admirables qui suivent, je n'aurais jamais découvert ce que j'avais besoin d'apprendre pour commencer à explorer la voie du sensei lean : Bjørn Jalving, Kjell Gjestad Stian Johansen et tous mes collègues de Konsberg Maritime ; Monica Rolfsen, Heidi Dreyer, Jonas Ingvaldsen, Marte Daae-Qvale Holmemo, Erlend Alfnes, Jan Ola Strandhagen et les collègues de l'université des Sciences et de Technologie de Norvège (NTNU) ; mon compagnon en Lean, Torbjøn Netland à l'ETH à Zurich ; Paul Coughlan au Trinity College à Dublin ; Monica Rossi au Politechnico de Milan ; Ottar Henriksen, Viggo Johansen et mes amis du Lean Forum Norge ; Kjell Sigve Kvalavåg, Knut Sandbakken et Conny Svensson au Sintef Raufoss Manufacturing ; Dan Jones à la Lean Enterprise Academy ; Jim Womack et John Shook au Lean Enterprise Institute ; et bien sûr Takao Sakai : merci pour les lumières de Kamakura ! Une mention spéciale pour David Leese, Emrah Arica, Børge Sjøbakk, Gaute Knutstad, Erik Gran et Sören Themann. Enfin, merci à mes coauteurs, ma mère et ma famille : Karen, Rebekah, Ffion et Eva

Eivind Reke : je voudrais exprimer mes remerciements et ma gratitude envers les personnes qui suivent pour tous les échanges enrichissants et les expériences partagées sur le gemba : Bjarne Berg Wig qui m'a mis sur le bon chemin du Lean. Jonathan Reams et John Richard Hanssen, Karl-Frederik Pantke Bjørn Øgaard et Leandro Dos Santos, Marcin Gaarden et Per Kristian Strand et le conseil d'administration de Las Norge :

Einar, Lena, Sofie, Birgit, Anne, Alireza et Torodd. Je voudrais aussi remercier mes amis coauteurs, ma mère et mon père et enfin ma famille – Åsne, Solvor et Tuva. Merci d'avoir partagé cette aventure.

Index

Symboles

A

B

C

D

E

F

G

T

V

Dépôt légal : février 2020
Imprimé en France par Corlet Imprimeur
N° d'imprimeur : 206405